ཀྲ་ཤང་པོ་ཏ་ལ།
拉薩布達拉宮

ལྷ་ས་འི་ཇོ་ཁང་གི་གསེར་གྱི་རྒྱ་ཕིབས།

拉薩大昭寺金頂

མངའ་རིས་གུ་གེའི་རྒྱལ་རབས་དུས་ཀྱི་དགོན་སྡེ།

阿里古格王朝寺廟群

国家出版基金项目
NATIONAL PUBLICATION FOUNDATION

甘肅藏敦煌藏文文獻

①

敦煌研究院卷

Dy.t. 001— 175

主　編

馬　德

編　纂

甘肅省文物局

敦煌研究院

上海古籍出版社

上海 2017

主　編

馬　德

副主編

勘措吉　楊本加　盛岩海　邰惠莉

編　輯

萬瑪項傑　勘措吉　隆英忠　完麼才讓　楊本加

才項多傑　李毛吉　邰惠莉　斗本加　馬　德

攝　影

盛岩海　王海雲　梁旭澍　桑發軍

責任編輯

府憲展　曾曉紅

༄༅། །གནའ་སྲུའུ་ས་ཁུལ་དུ་ཐར་བའི་ཅུན་ཏོང་བོད་ཡིག་ཡིག་རྙིང་།

①

ཅུན་ཏོང་ཞིབ་འཇུག་སྐྱིང་གི་སྐྱེགས་བམ།

Dy.t. 001— 175

གཙོ་སྒྲིག་པ།
སྣ་ཊི།

སྒྲིག་སྦྱོར་སྟེ་ཁག
གནའ་སྲུའུ་ཞིང་ཆེན་རིག་དངོས་ཅུའུ།
ཅུན་ཏོང་ཞིབ་འཇུག་སྐྱིང་།

ཅུང་ཆེ་དཔེ་རྙིང་དཔེ་སྐྲུན་ཁང་།
༢༠༡༧ལོར་ཅུང་ཆེ་ནས།

གཙོ་སྒྲིག་པ།
ཨ་ཏེ།

གཙོ་སྒྲིག་གཞོན་པ།
ཁམས་འཚོ་སྐྱིད། གཡང་འབུམ་རྒྱལ། ཉིན་ཡན་ཏེ། ཐབ་ཏེ་ལི།

ཚོམ་སྒྲིག་ཁོངས་མི།
གཡུ་རྟོག་པདྨ་དབང་རྒྱལ། ཁམས་འཚོ་སྒྲིད། ཡུང་གཡུང་དུང་། པདྨ་ཚེ་རིང་། གཡང་འབུམ་རྒྱལ།
ཁྱུང་ཕྱུག་བློ་བཟང་དར་རྒྱས། སྒྲུ་མོ་སྒྲིད། ཐབ་ཏེ་ལི། ཁ་སྨད་སྤྲག་འབུམ་རྒྱལ། ཨ་ཏེ།

པར་ལེན་པ།
ཉིན་ཡན་ཏེ། བང་ཏེ་ཡུན། ལེང་ཞེ་ཐོལུ། སངས་རྒྱ་ཅིན།

ཚོམ་སྒྲིག་འགན་ཁྱུར་པ།
སྐྱབུ་ཞན་ཀྲན། བཅུན་ཞོ་ཐོང་།

TIBETAN DOCUMENTS FROM DUNHUANG IN GANSU

Collected in Dunhuang Academy

Dy.t. 001— 175

CHIEF EDITOR

Ma De

PARTICIPATING INSTITUTION

Cultural Heritage Bureau of Gansu Province

Dunhuang Academy

SHANGHAI CHINESE CLASSICS PUBLISHING HOUSE

Shanghai 2017

CHIEF EDITOR

Ma De

VICE EDITORS IN CHIEF

Khamsvtshoskyid Gyangvbumrgyal Sheng Yanhai Tai Huili

EDITOR COMMISSION

Gyurngogpadmadbangrgyal Khamsvtshoskyid lunggyungdrung

Padmatshering Gyangvbumrgyal Khyungphrugblobzangdarrgyas

Klumoskyid Tai Huili Khasgangstagvbumrgyl Ma De

PHOTOGRAPHERS

Sheng Yanhai Wang Haiyun

Liang Xushu Sang Fajun

EDITORS IN CHARGE

Fu Xianzhan Zeng Xiaohong

總　序

甘肅省文物局局長　馬玉萍

　　1900年，封閉千年的敦煌莫高窟藏經洞開啓，出土大量中國古代的寫本、印本和美術品，被看作是世界近代考古史上的重大發現。隨着敦煌出土文獻的流散，也促成了世界範圍内關於敦煌的研究，一百多年間方興未艾。由於對敦煌遺書的不斷深入挖掘，使得研究領域不斷拓展，新興學科相繼湧現。

　　敦煌文獻就寫本文獻而言，漢文文獻之外，民族文獻中以藏文文獻爲數最豐。這部分文獻被稱爲敦煌藏文文獻，或曰敦煌吐蕃文獻，頗受學界青睞。敦煌地區出土的大量吐蕃佔領時期（781－848）的歷史遺迹遺物和吐蕃古藏文文獻資料，在全面性、完整性和系統性等方面，在國内外都是獨一無二的。這些文獻詳細而完整地記録了吐蕃治理下的敦煌和隴右地區的政治、經濟、軍事、文化、民族關係。同時留下的大量漢文文獻，也記載了吐蕃治理敦煌時期的歷史社會面貌，可以與藏文文獻相對照和印證。國内外學者對於敦煌藏經洞出土的藏、漢文文獻，進行了百餘年深入細緻的研究，内容涉及古藏文（吐蕃文）與吐蕃文獻學、敦煌吐蕃石窟、吐蕃治理敦煌時期的經濟、政治、歷史、宗教、文化、民俗風情、民族關係等各個領域，使得吐蕃歷史文化的面貌更清晰地展示於世人。

　　同漢文文獻一樣，敦煌藏經洞藏文文獻出土後遭到各國探險隊的劫掠，大部分文獻分藏於世界各地；劫餘部分後運至北京，並有零星散佈於中國各地。大體情況是：海外近5000件（號）：其中法國國家圖書館4200多件，英國國家圖書館1400多件，俄羅斯、日本等地也有零星收藏；國外英、法所藏早有目録刊佈；近年來西北民族大學、上海古籍出版社與國外收藏單位合作，陸續出版了法、英所藏敦煌藏文文獻圖録。

　　國内敦煌藏文文獻的收藏情況大概是：除中國國家圖書館藏240餘件外，北京大學圖書館、上海博物館、上海圖書館、天津博物館、重慶中國三峽博物館、南京博物院都有零星收藏，而主要部分收藏於甘肅境内各圖書館、博物館，其中以敦煌市博物館收藏數量最多。

　　1910年，清朝政府將敦煌文獻劫餘部分運往北京時，尚留部分藏文寫經於敦煌莫高窟藏經洞，並下令曰當地政府將藏文寫經運往甘肅省城蘭州；1920年，甘肅省教育廳指令敦煌知縣“將該項番字經卷，悉數運送來省，交由省圖書館保存”，並派人會同敦煌縣地方政府，共同對所剩的藏文寫經進行了清理查驗。當時，從莫高窟藏經洞内清理出藏文經卷94捆，重440餘斤；帶夾板經書11打，重1744斤。但當時運往蘭州的只是一小部分，即卷式寫經“一捆四斤”（約10卷左右），梵筴寫經“一打六十六斤”（1000多頁），移交甘肅省公立圖書館（今甘肅省圖書館）保管外，剩餘的藏文經卷由莫高窟寺院和敦煌民衆教育館保存，1950年交敦煌縣文化館（今敦煌市博物館）保存。至於94捆重440餘斤的卷式寫經，除運至蘭州的一捆外，其餘93卷至今無保管和處理情況的記載。

1978年以來，國内專家學者對甘肅省内各地所藏敦煌藏文文獻先後進行了調查和整理，並有少量的研究成果問世。2004年以來，敦煌研究院組成由敦煌文獻研究所所長、研究員、歷史學博士馬德擔任負責人的項目組，對甘肅省内各地所藏敦煌莫高窟藏經洞所出藏文文獻進行全面調查、整理；2005年3月，敦煌研究院將《甘肅各地藏敦煌藏文文獻整理研究》正式批准爲院級課題；2006年，《甘肅藏敦煌藏文文獻整理研究》又被批准爲教育部人文社會科學重點研究基地重大項目，使得整理工作得以順利進行。2011年9月，《甘肅藏敦煌藏文文獻敍録》由讀者出版集團甘肅民族出版社出版。

甘肅藏敦煌藏文文獻的價值主要表現在如下三個方面：一是對敦煌吐蕃時期的寫經情況及寫經校經制度問題有突出展示；二是有一批内容包括吐蕃上層統治者之間的書信往來、佛教活動的發願文和契約、詩文等重要社會文書；三是吐蕃時期的部分重要歷史人物抄經校經題記涉及有關的社會活動記載。這些對研究敦煌和吐蕃的歷史文化，以及唐代民族交往、早期漢藏關係等都有重大的意義。

2012年7月，全國古籍整理出版規劃領導小組將《甘肅藏敦煌藏文文獻》大型圖録批准列入"2011－2021國家古籍整理出版規劃項目"（第294號）。2012年10月，以馬德先生爲首的敦煌文獻研究所在多年工作的基礎上，競標"敦煌遺書數據庫建設"，作爲國家社會科學重大招標項目被批准立項，甘肅藏敦煌藏文文獻的數字化工作與圖録編輯的前期部分工作同步進行。2015年5月，敦煌研究院和上海古籍出版社啓動了圖録的正式編纂出版工作，並經申請於2016年4月得到國家出版基金資助。

從2004年算起，經歷了十幾年連續不斷的編輯、整理和研究工作，在各個方面的共同努力和支持下，《甘肅藏敦煌藏文文獻》圖録終於問世了。本書的出版無論是對於敦煌文化研究和藏族歷史文化研究等學術領域，還是甘肅省文物博物館事業，都是一件劃時代意義的大事，將爲敦煌學、藏學研究帶來更多的高水平的新成果，繼續推動敦煌學和藏學研究的深入和發展。

敦煌研究院卷簡介

敦煌研究院　馬　德

　　《甘肅藏敦煌藏文文獻》第一册，收録了敦煌研究院收藏的出自莫高窟藏經洞的175件藏文寫經，現保存於敦煌文物保護研究陳列中心。這些寫經基本來自民間捐贈與徵集。有一部分《大乘無量壽宗要經》是本院副研究員霍熙亮先生（1915–2005）於1964年從敦煌民間徵集所得；20世紀50年代以來，有敦煌本圸群衆陸續將自己家中所藏捐贈給敦煌文物研究所（敦煌研究院前身），如Dy.t.026、Dy.t.027、Dy.t.075三件是敦煌名仕任子宜（1901–1972）舊藏；再如卷號爲Dy.t.134、Dy.t.137、Dy.t.138、Dy.t.141、Dy.t.154的《大乘無量壽宗要經》爲2002年敦煌三危鄉農民李永德捐獻；2011年9月，原蘭州三毛廠退休技術幹部劉道謙及其夫人、弟妹們將其先父劉仲曾先生（1912–1999）舊藏7件（Dy.t.169、Dy.t.170、Dy.t.171、Dy.t.172、Dy.t.173、Dy.t.174、Dy.t.175）藏文寫經捐贈給敦煌研究院。

　　敦煌研究院所藏藏文寫本的内容比較單一：除一件《般若波羅蜜多心經》、一件《二萬五千頌般若波羅蜜多經》外，其餘均爲《十萬頌般若波羅蜜多經》殘頁和《大乘無量壽宗要經》。這些寫經中保存了一批抄經生和校經師的題名。敦煌研究院的這些敦煌藏文寫經雖然數量有限，内容單薄，但歷史文獻價值重大，意義非凡。

體　例

一　本書收録敦煌研究院收藏的敦煌莫高窟藏經洞出土的古藏文寫本，共175件，其中卷式84件、貝葉式91件計
　　92葉。

二　爲保持寫本原貌，所有寫本一律彩印。

三　本書按收藏單位現行的編號編排，收藏地及編號一般採用收藏單位的漢字簡稱與漢語拚縮寫表示，如“敦
　　研Dy.t.001”，即敦煌研究院藏藏文寫本第1號；t表示藏文寫本。

四　文獻雙面書寫的，正面用R（Recto）表示，背面用V（Vetso）表示；背面無字者省略。

五　卷軸裝寫本分切裁剪，以橫欄編排。在標題後的“(3－1)”、“(3－2)”、“(3－3)”分別表示本號共有幾
　　幅圖，本圖爲第幾幅。

六　本書圖版説明用藏文、漢文編寫。文獻的定名，如原卷有標題者（包括各種不同寫法），爲保持原貌，依
　　原文照録。如無標題者，依照内容擬題；部分文書定題參照了相關的研究成果。

七　本書的圖版一般不超過寫本的原始尺寸。

目　録

Dy.t.001—175

彩色圖版目錄

༄༅། །འགོ་བརྗོད།

གནའ་སྔའི་ཞིང་ཆེན་རིག་དངོས་ཅུའུ་ཡི་འགོ་གཙོ། སྐུ་ཡུས་ཐེན་གྱིས།

སྤྱི་ལོ༌༡༠༠༠ལོར་ཉུན་ཏོན་མའི་གའི་བྲག་ཕུག་ཡང་བཅུ་བདུན་པ་ལས། ལོ་རོ་སྟོང་ཕྲག་རིང་ལ་གཏེར་དུ་བཞུགས་པའི་ཀྱུང་གོའི་
གནའ་ཡིག་ལག་བྲིས་མ་དང་དཔར་མ། རི་མོའི་བཙམས་ཆོས་འབོར་ཆེན་བྱུང་ཞིང་། དེ་ནི་འཛམ་གླིང་གི་ཉེ་རབས་གནའ་དཔྱོད་ལོ་
རྒྱུས་ཁྲོད་ཀྱི་གསར་རྙེད་གྲུབ་འབྲས་ཆེས་ཆོ་མཚར་བ་ཞིག་ཏུ་མཐོང་། ཉུན་ཏོན་བྲག་ཕུག་ལས་ཐོན་པའི་ཡིག་རྙེད་འདི་དག་འཛམ་
གླིང་གི་ཡུལ་གྲུ་གང་སར་ཐོར་བར་བརྟེན་ནས། ལོ་རོ་བཅུ་ཕྲག་ལྔག་གི་རིང་ལ་འཛམ་གླིང་གི་ཡུལ་ལུང་གང་སར་ཉུན་ཏོན་སྐོར་ལ་
ཞིབ་འཇུག་བྱ་པ་མ་ཟད། ཉུན་ཏོན་ཡིག་རྙེད་རྣམས་སུ་མཐུད་དུ་སྟོག་འདོན་གནན་ནས་ཞིབ་འཇུག་གི་ཁྱབ་ཁོངས་ཀྱང་རྒྱ་ཆེར་ཕྱིན་
ཏེ་རིག་ཚན་གསར་བའང་གཞིག་བརྟགས་མཐུད་ཀྱིས་དང་།

ཉུན་ཏོན་བོད་ཡིག་ཡིག་རྙེད་ལག་བྲིས་མ་འདི་དག་ལ་མཚོན་ན། རྒྱ་ཡིག་ཡིག་རྙེད་མ་གཏོགས་པའི་མི་རིགས་ལག་གི་ཡིག་ཚང་
ཁྲོད་བརྗོད་བྱ་དང་རྗོད་བྱེད། གྲངས་འབོར་སོགས་གང་ཅིའི་ཐད་ནས་ཕུལ་བྱུལ་ཚོགས་ཆོས་ཡིག དེར་བརྟེན་ཉུན་ཏོན་རིག་གཞུང་
ཞིབ་འཇུག་ཁོན་ནི་ཉུན་ཏོན་བོད་ཡིག་ཡིག་རྙེད་སམ་ཉུན་ཏོན་བོད་ཀྱི་ཡིག་རྙེད་ཞེས་གཏེད་འཛུག་ཤེན་དུ་མཐོན་པོ་གནན་གཞིན་
ཡོད། ཉུན་ཏོན་ས་ཁུལ་ནས་རྙེད་པའི་བོད་བཙན་པོའི་སྐབས་ཀྱི་རྒྱལ་རྙེན་དང་བོད་ཡིག་ཡིག་རྙེད་ལྟ་བུའི་ཁྱབ་རྒྱ་ཆེ་ཞིང་འཕྱར་སྟོ་
ཚང་བ། མ་ལག་དང་ལྡན་པ་ཞིག་འཛམ་གླིང་ཡུལ་གྱི་གནན་གང་དུའང་མ་མཆིས་སོ། །

ཡིག་རྙེད་འདི་དག་ནས་བོད་བཙན་པོའི་དབང་ལོག་གི་ཉུན་ཏོན་དང་ལྱུང་ཡུག་ས་ཁུལ་གྱི་ཆབ་སྲིད་དང་། དཔལ་འབྱོར། དམག་
དོན། རིག་གནས། མི་རིགས་ཐན་ཚུན་བར་གྱི་འབྲེལ་བ་སོགས་ཞིབ་ཕྲར་བཀོད་ཡོད། དེ་བཞིན་དུ་བོད་བཙན་པོས་ཉུན་ཏོན་དབང་
བསྒྱུར་གནན་སྐབས་ཀྱི་རྒྱ་ཡིག་ཡིག་རྙེད་མང་པོའི་ནན་དུའང་སྐབས་དེའི་ལོ་རྒྱུས་དང་སྤྱི་ཚོགས་རྣམ་པ་བཀོད་ཡོད་པས་བོད་རྒྱ་
ཡིག་ཚང་ཁག་ཉན་སྦྱར་ནས་ཞིབ་འཇུག་གི་དཔལ་པོ་བྱུང་ཚོག ལོ་རོ་བཅུ་ཕྲག་སྐག་ལ་རྒྱལ་ཁབ་ཕྱི་ནང་གི་ཞིབ་འཇུག་པ་རྣམས་ཀྱིས་
ཉུན་ཏོན་བྲག་ཕུག་ནས་ཐོན་པའི་བོད་རྒྱུའི་ཡིག་རྙེད་སྒྲུང་དེ་བོད་ཀྱི་ཡི་གི་དང་ཡིག་ཚང་། བོད་བཙན་པོའི་སྐབས་ཀྱི་ཉུན་ཏོན་བྲག་
ཕུག དེ་བཞིན་དུ་ཉུན་ཏོན་གི་དཔལ་འབྱོར་དང་། ཆབ་སྲིད། ལོ་རྒྱལ། ཆོས་ལུགས། རིག་གནས། དབངས་སྲོལ། མི་རིགས་ཁག་གི་འབྲེལ་
བ་སོགས་ལ་ཞིབ་འཇུག་གཏིང་ཟབ་བྱས་པ་བརྒྱུད་ནས་བོད་བཙན་པོའི་དུས་ཀྱི་ལོ་རྒྱལ་དང་རིག་གནས་ཀྱི་བྱེད་བཞིན་གསལ་པོར་
བསྟན་ཡོད།

བོད་ཡིག་ཡིག་རྙེད་རྣམས་རྒྱུའི་ཡིག་རྙེད་དང་འདྲ་བར་ཉུན་ཏོན་བྲག་ཕུག་ནས་རྙེད་ཏེས་བཙན་རྒྱལ་རིང་ལུགས་པས་འཇོགས་
ཞིང་དེའི་ལྒ་མ་ཁག་ཅིག་ཡེ་ཙེན་དུ་བསྒྱལ་བ་དང་གྱུང་པོའི་ས་གནས་སྐོར་ཞིག་ཏུ་ལ་འཕྱོར་དུ་བོད་བའང་ཡོད། ཡིག་སྣར་འཛམ་

སྒྲུང་གི་ཡུལ་གྲུ་སོ་སོར་ཐུར་བའི་ཐུན་ཆོང་བོད་ཡིག་ཡིག་རྙིང་གི་གནས་ཚུལ་མངོར་བསྟུ་ཤིག་འདི་ལྟ་སྟེ། ཕྱི་སྒྲིང་ན་ཡིག་རྙིང་ལྷ་སྟོང་ལ་ཉེ་བ་འཁར་པའི་ནང་ནུ་རར་སིའི་རྒྱལ་གཉེར་དཔེ་མཛོད་ཁང་ན་བཞི་སྟོང་ཞིས་བཀྲ་ལྷག་དང་དབྱིན་ཇིའི་རྒྱལ་གཉེར་དཔེ་མཛོད་ཁང་ན་ཆིག་སྟོང་བཞི་བཀྲ་ལྷག་དེ་མིན་ཡུ་དུ་མི་དང་ཉི་ཆོང་སོགས་ནའང་སྐོར་ཞིག་བཞུགས། དབྱིན་ཇི་དང་ནྲ་རར་སིར་ཉར་ཚགས་བྱས་ཡོད་པ་དེའི་དཀར་ཆག་པར་བསྐྲུན་གནང་ཡོད་ལོ་འདི་གར་ཅུན་དེ་གནན་དཔེ་དཔེ་སྣུན་ཁང་གིས་ཕྱི་རྒྱལ་གྱི་ཐུན་ཆོང་ཡིག་རྙིང་ཞར་བའི་ལས་ཁུངས་ཁག་ལ་གྲོས་མོལ་བཀྲུད་དེ་ལྟ་རར་ནི་དང་། དབྱིན་ཇི། ཡུ་དུ་མི་སོགས་ཀྱི་ཐུན་ཆོང་ཡིག་རྙིང་ལ་དཀར་ཆག་བཟོས་ཤིང་བསྟུད་མར་པར་ཏུ་བསྐྲུན། དེའི་ནང་དབྱིན་ཇི་དང་ནྲ་རར་སིར་ཞར་བའི་ཐུན་ཆོང་བོད་ཡིག་ཡིག་རྙིང་གི་དཀར་ཆག་ཀྱང་འདུས།

རྒྱལ་ནང་དུ་ཐུན་ཆོང་བོད་ཡིག་ཡིག་རྙིང་ལེགས་སྒྲིག་བྱས་པའི་གནས་ཚུལ་མངོར་བསྟུ་ཤིག་ནི་འདི་ལྟར་ལགས་ཏེ། གུང་གོའི་རྒྱལ་ཁབ་དཔེའི་མཛོད་ཁང་དུ་ཡིག་ཚགས་ཉིས་བརྒྱ་བཞི་བཅུ་ལྷག་ཞར་ཡོད་ལ། གཞན་ཡང་པེ་ཅིན་སློབ་ཆེན་གྱི་དཔེ་མཛོད་ཁང་དང་། ཐུང་དེ་ཉེན་ནྲ་བཤམས་མཛོད་ཁང་། ཐུང་དེ་དཔེ་མཛོད་ཁང་། ཐེན་ཅིན་སྐུ་རྒྱལ་ཉེན་ནྲ་བཤམས་མཛོད་ཁང་། ཁྲུང་ཆེན་གུང་གོའི་འགག་གསུམ་ཉེན་ནྲ་བཤམས་མཛོད་ཁང་། ནན་ཅིང་ཉེན་ནྲ་བཤམས་མཛོད་ཁང་སོགས་སུ་ཁ་འཐོར་དང་ཞར་ཡོད་པ་དང་། དེའི་ལྷག་མ་རྣམས་ནི་ས་གནས་ཁག་ཏུ་ཞར་ཚགས་གནང་ཡོད། དེ་དག་ལས་ཐུན་ཆོང་གྲོང་ཁྱེར་གྱི་ཉེན་ནྲ་བཤམས་མཛོད་ཁང་དུ་ཞར་བའི་གྲངས་འབོར་ཆེས་མང་ངོ་།།

སྤྱི་ལོ་༡༩༢༠ལོར་ཆེན་སྒྲིད་གཞུང་གིས་ཐུན་ཆོང་ཡིག་རྙིང་བརྒྱ་འཁྱིར་བྱས་པའི་ལྷག་འཕྲོ་རྣམས་པ་ཅིན་དུ་བསྐྱལ་སྐབས་བོད་ཡིག་ཡིག་རྙིང་ལས་ཆོས་དཔེ་སྐོར་ཞིག་མའེ་གཀོ་བྲག་ཕུག་ཏུ་བཞག་པ་དང་། ས་གནས་སྒྲིད་གཞུང་ལ་ཆོས་དཔེ་དེ་རྣམས་ཀཀན་སུའུ་ཞིང་ཆེན་ལ་གྱུ་གྱིར་ཁྲིར་ལ་གདན་འདྲེན་དགོས་པའི་བཀའ་ཁ། སྤྱི་ལོ་༡༩༣༠ལོར་ཀཀན་སུའུ་ཞིང་ཆེན་སློབ་གསོ་ཐེན་གྱིས་ཐུན་ཆོང་རྩོང་གི་རྫོང་དཔོན་ལ་ཆོས་དཔེའི་རྣམས་ཞིང་ཆེན་དཔེའི་མཛོད་ཁང་ལ་བསྐྱལ་ནས་དོ་དམ་མཛོད་ཅིག་ཅེས་བཀའ་ཁབ་ལ་ན་དང་ཆེན་དུ་མི་སྣ་མངགས་ནས་ཐུན་ཆོང་རྫོང་སྒྲིད་གཞུང་ལ་བཅར་ཞིང་། དེ་གར་ལྷག་པའི་བོད་ཡིག་གི་ཆོས་དཔེ་རྣམས་ལྷན་ཅིག་ཏུ་ལེགས་སྒྲིག་དང་ཞིབ་བཤེར་བྱས། སྐབས་དེར་མའེ་གཀོ་བྲག་ཕུག་ཏུ་བོད་ཡིག་གི་ཆོས་དཔེའི་དོན་གོ་བཞི་སྟེ་རྒྱ་མ་བཞི་བརྒྱ་བཞི་བཅུ་ལྷག་ཡོད། ཆོས་དཔེ་སྒྲིག་བསལ་ཅན་ཁྱར་བཅིག་རྒྱ་མ་རེ་དྲག་(སྤྱིལ་གཤངས་ཆིག་སྟོང་)ཡོད་པ་ཅན་ཞིག་ཀཀན་སུའུ་ཞིང་ཆེན་གྱི་དཔེ་མཛོད་ཁང་དུ་སྦྱད་ནས་ཞར་ཚགས་བྱས། ཆོས་དཔེའི་ལྷག་འཕྲོ་རྣམས་མའེ་གཀོའི་དགོན་དང་ཐུན་ཆོང་དཔལས་ཆགས་སློབ་གསོ་ཁང་གིས་ར་དམ་བྱས་བཞིན། སྤྱི་ལོ་༡༥༤༠ལོར་གཞི་ནས་ཐུན་ཆོང་རྫོང་རིག་གནས་ཁང་(དེང་གི་ཐུན་ཆོང་གྲོང་ཁྱེར་ཏེན་ནྲ་བཤམས་མཛོད་ཁང་)ལ་སྦྱད་ནས་དོ་དམ་བྱས། ཆོས་དཔེའི་རྒྱ་མ་བཞི་བརྒྱ་བཞི་བཅུ་ལྷག་ལ་ཞར་གོ་བཞི་ཡོད་པ་ལས་ལག་གྱུ་ལ་དགོས་སུ་བསྐྱལ་བ་ནི་ཞར་གཅིག་སྟེ་གཞན་ཞར་གོ་གསུམ་ཡོད་པ་དེ་དག་ལྡེའི་བར་དུ་གར་སོང་ཆ་མི་འཚལ་ལོ།།

སྤྱི་ལོ་༡༩༩༢ནས་བཟུང་རྒྱལ་ནང་གི་ཞིབ་འཇུག་པ་དང་ཆེད་མཁས་པ་དག་གིས་ལྟ་གཞུག་ཏུ་ཀཀན་སུའུ་ཞིང་ཆེན་གྱི་ས་གནས་སོ་སོར་ཞར་བའི་ཐུན་ཆོང་བོད་ཡིག་ཡིག་རྙིང་ལ་ཞིབ་བཤེར་དང་ལེགས་སྒྲིག་བྱས་ནས་དེའི་སྐོར་གྱི་དཔྱད་འབྲས་མང་པོ་ཐོན། སྤྱི་ལོ་༢༠༠༤ལོ་ནས་བཟུང་ཐུན་ཆོང་ཞིབ་འཇུག་སྒྲིག་ཡིག་ཆགས་ཞིབ་འཇུག་ཁང་གི་འགོ་གཙོ་དང་། ཞིབ་འཇུག་པ་ལོ་རྒྱུས་རིག་པའི་འབུམ་རམས་པ་མ་ཏེ་ལགས་ཀྱིས་ལས་གཞི་གཙོ་སྐོང་གི་ཕྱག་འཁྱར་བཞིས་ཏེ། ཀཀན་སུའུ་ཞིང་ཆེན་གྱི་ས་གནས་སོ་སོར་མའེ་གཀོའི་བྲག་ཕུག་ནས་ཐོན་པའི་བོད་ཡིག་ཡིག་རྙིང་ཞར་བ་ཕྱོགས་ཡོངས་ནས་ཞིབ་བཤེར་དང་ལེགས་སྒྲིག་མཛད། སྤྱི་ལོ་༢༠༠༨ལོའི་ཟླ་དཔར་ཐུན་ཆོང་ཞིབ་འཇུག་སྒྲིད་གིས《ཀཀན་སུའུ་ས་གནས་སོ་སོའི་ཐུན་ཆོང་བོད་ཡིག་ཡིག་རྙིང་ལེགས་སྒྲིག་དང་ཞིབ་འཇུག》ཅེས་པའི་ལས་གཞིར

དགོས་སུ་ཚོག་མཆན་གནང་བ་དང་། སྤྱི་ལོ་༢༠༠༦ལོར《གཱན་སུའུ་ས་གནས་སོ་སོའི་ཚུན་ཏོང་བོད་ཡིག་ཡིག་རྙིང་ཞིབ་འཇུག་སྐྱག་དང་
ཞིབ་འཇུག》ཅེས་པར་སྐྱོབ་གསོ་ཕུའུ་མི་ཆུལ་སྐྱི་ཚོགས་ཆན་རིག་ཞིབ་འཇུག་ཕྱི་གནས་ཀྱི་གལ་ཆེན་ལས་གཞི་ཆེན་མོའི་ཚོག་མཆན་
ཐོབ་ནས་ཞིབ་སྐྱག་བྱ་བ་བདེ་སྒྲིག་དང་གུབ། སྤྱི་ལོ་༢༠༡༡འི་སྐྲ་པར《གཱན་སུའུ་ཞིང་ཆེན་དུ་ཉར་བའི་ཚུན་ཏོང་བོད་ཀྱི་ཡིག་རྙིང་
དཀར་ཆག》ཅེས་པ་གཱན་སུའུ་མི་རིགས་དཔེ་སྐྲུན་ཁང་ནས་དཔར་དུ་བསྐྲུན།

གཱན་སུའུ་ཞིབ་ཆེན་དུ་ཉར་བའི་ཚུན་ཏོང་བོད་ཡིག་ཡིག་རྙིང་གི་རིན་ཐང་གཙོ་བོ་ནི་འདི་ལྟར་ལགས་ཏེ། གཅིག་བོད་བཙན་པོའི་
དུས་སྐབས་ཀྱི་ཚུན་ཏོང་ས་ཁུལ་གྱི་ཚོས་དཔེ་རོ་བཅུ་མའི་གནས་ཚུལ་དང་ཚོས་དཔེའི་ཞུ་དག་ལས་ལུགས་ཀྱི་གནས་ཚུལ་གསལ་བོར་
བསྟན་ཡོད། གཉིས། བོད་ཀྱི་མཛོ་རིམ་མི་སྣ་ཕན་ཚུན་གྱི་འབྲེལ་ཡིག་དང་། ཚོས་ལུགས་ཀྱི་སྐྱོན་ལས། གཱན་ཀྱཱ་སྟན་ཚོག་སོགས་གལ་
ཆེ་བའི་སྐྱི་ཚོགས་ཡིག་ཆན་གྱི་སྐོར་བཞུགས། གསུམ། ཚོས་གཞུང་རོ་བཅུ་དང་ཞུ་དག་གི་མཛད་བྱང་ནང་བོད་ཀྱི་ལོ་རྒྱུས་མི་སྣ་དང་སྤྱི་
ཚོགས་བྱ་འགུལ་བཀོད་ཡོད། མཐོར་ན། ཚུན་ཏོང་དང་བོད་ཀྱི་ལོ་རྒྱུས་རིག་གནས། ཐང་རྒྱལ་རབས་སྐབས་ཀྱི་མི་རིགས་ཁག་གི་འཇིལ་
བ། ལྟ་རབས་རྒྱ་བོད་འབྲེལ་བ་སོགས་ལ་ཞིབ་འཇུག་བྱེད་པར་དཔྱད་གཞིའི་རྒྱུ་ཆ་གལ་ཆེན་མཁོ་འདོན་བྱུས་ཡོད།

སྤྱི་ལོ་༢༠༡༢ལོའི་སྐྲ་༢པར་རྒྱལ་ཡོངས་གནན་དཔེ་ཡིག་སྐྱག་དང་དཔེ་སྐྱན་འཆར་འགོད་དུ་འཇིན་ཚོ་ཆུང་གིས《གཱན་སུའུ་
ས་ཁུལ་དུ་ཉར་བའི་ཚུན་ཏོང་བོད་ཡིག་ཡིག་རྙིང》ཞེས་པའི་པར་རིས་ཀྱི་ཡིག་རྙིང་ཕྱོགས་བསྒྲིགས་ལ་སྤྱི་ལོ་༢༠༡༡ནས་༢༠༢༡བར་གྱི་
རྒྱལ་ཁབ་ཀྱི་གནན་དཔེ་ཡིག་སྐྱག་དང་དཔར་སྐྱན་འཆར་འགོད་ལས་གཞིའི་(ཨང་གྲངས)ནང་དུ་བཞག་པ་དང་། སྤྱི་ལོ་༢༠༡༢ལོའི་
སྐྲ་༡༠པར་སྐྲ་ཞབས་མ་དྲེ་ལགས་གཙོ་བྱས་པའི་ཚུན་ཏོང་ཞིབ་འཇུག་སྐྱང་ཡིག་ཚད་ཞིབ་འཇུག་ཚོགས་པས་ཏུར་
བཙོན་བརྒྱུད《ཚུན་ཏོང་ཤུལ་བཞག་བཙམས་ཚོས་སྒྲོག་ཏྲལ་ཡིག་མཛོད་འཇོགས་སྐྱན》ཞེས་པར་རྒྱལ་ཁབ་སྤྱི་ཚོགས་ཆན་རིག་ལས་
གཞིའི་ཆེན་མོའི་ཚོག་མཆན་ཐོབ་པ་དང་། གཱན་སུའུ་ཞིབ་ཆེན་དུ་ཉར་བའི་ཚུན་ཏོང་བོད་ཡིག་ཡིག་རྙིང་གི་སྒྲོག་ཏྲལ་ཅན་དང་པར་རིས་
ཡིག་རྙིང་རྩོམ་སྐྱག་གི་སྟོན་འགྲོའི་བྱ་བ་སྐྱར་ཞིག་བསྐབས། སྤྱི་ལོ་༢༠༡༤ལོའི་སྐྲ་༤པར་ཚུན་ཏོང་བོད་ཡིག་ཡིག་རྙིང་གི་པར་རིས་ཡིག་
ཆང་ཚོམ་སྐྱག་གི་ལས་ཀའི་རྒྱུན་བསྐྱངས་ཏེ། ཉུང་ནེ་གནན་དཔེའི་སྐྱན་ཁང་དང་མཉམ་འབྲེལ་སྐོས་དཔར་སྐྱན་གྱི་འཆར་བའི་
བརྩམས་ཤིང་སྤྱི་ལོ་༢༠༡༥ལོའི་སྐྲ་ཞབར་བོད་རིག་ལ་རེ་ཞུ་ཕྱུལ་བ་ལྟར་རྒྱལ་ཁབ་ཀྱི་དཔེའི་སྐྱན་ཐེབས་རྩ་རོགས་སྐྱོར་སྒོར་ཞིག་གནན།

སྤྱི་ལོ་༢༠༠༩ལོ་ནས་བཟུང་ལོ་བཅུ་ཕྲག་ལྷག་ལ་རྒྱལ་བསྒྲིགས་ནས་ཚོམ་སྐྱག་དང་། ཡིག་སྐྱག་ ཞིབ་འཇུག་གི་ལས་ཀར་ཕྱོགས་
མང་པོས་རྒྱབ་སྐྱོར་གནང་མཐར《གཱན་སུའུ་ས་ཁུལ་དུ་ཉར་བའི་ཚུན་ཏོང་བོད་ཡིག་ཡིག་རྙིང》ཞེས་པའི་པར་རིས་ཡིག་རྙིང་པར་དུ་
བསྐྱན་ཐུབ་པ་བྱུང་། བྱ་གཞལ་འདི་ནི་ཚུན་ཏོང་རིག་གནས་ཞིབ་འཇུག་དང་བོད་ཀྱི་ལོ་རྒྱུས་རིག་གནས་ཞིབ་འཇུག གཞན་གཱན་སུའུ་
ཞིབ་ཆེན་རིག་དགོས་ཆེན་ རྩ་བཞམས་མཛོད་ཁང་གི་ལས་དོན་ཡིན་ནའང་འདི་ཕྱོགས་གང་ནས་བསྐྱང་དུས་རབས་ཀྱི་རིན་སྒྲིང་
སྐྱན་པའི་བྱ་བ་འགངས་ཆེན་ཞིག་ཡིན། འདི་ལས་སྤར་བས་ཀྱང་ཚུན་ཏོང་རིག་པ་དང་བོད་རིག་པའི་ཞིབ་འཇུག་གི་རྒྱ་ཚད་གཏིང་ཏོ་
ཟབ་དང་རྒྱ་ཇེ་ཆེ་དུ་སོང་ནས་སྐྱད་དུ་བྱུང་བའི་ཞིབ་འཇུག་གི་གྲུབ་འབྲས་གསར་གང་པོ་འབྱོན་པར་གདོན་མི་ཟའོ།།

༄༅། །ཕྱུན་ཏོང་ཞིབ་འཇུག་སྐྱིང་དུ་ཉར་བའི་ཕྱུན་ཏོང་བོད་ཡིག་ཡིག་རྙིང་གི་གནས་ཚུལ་
མདོར་བསྡུས།

ཕྱུན་ཏོང་ཞིབ་འཇུག་སྐྱིང་། སྣ་ཏེ།

《ཀན་སུའུ་ས་ཁུལ་དུ་ཉར་བའི་ཕྱུན་ཏོང་བོད་ཡིག་ཡིག་རྙིང་》ཞེས་པའི་དེབ་དང་པོའི་ནང་དུ། ཕྱུན་ཏོང་ཞིབ་འཇུག་སྐྱིང་དུ་ཉར་
བའི་ཕྱུན་ཏོང་མཛོ་གའི་བྲག་ཕུག་ལས་ཐོན་པའི་བོད་ཡིག་ཡིག་རྙིང་ ༡༠༥བརྒྱ་སྐྱིག་བྱས་ཡོད། དེ་དག་ད་ལྟ་ཕྱུན་ཏོང་ཞིབ་འཇུག་སྐྱིང་
གནན་ཁྲུས་སྲུང་སྐྱོབ་ཞིབ་འཇུག་འགྱིམས་སྟོན་ཏེ་གནས་སུ་ཉར་ཚགས་གནང་ཡོད། ཡིག་རྙིང་འདི་དག་ལས་མང་ཤོས་ནི་དབངས་
ཁྱོད་ནས་ཡར་སྐྱེས་སུ་ཕུལ་བ་དང་བསྡུ་ཉོ་བྱས་པ་དག་ཡིན། དེ་དག་ལས་《ཚེ་དཔག་ཏུ་མེད་པ་ཞེས་བྱ་བ་ཐེག་པ་ཆེན་པོའི་མདོ་》ཞེས་
པ་ ༡༩༩ཡོར་ཕྱུན་ཏོང་ཞིབ་འཇུག་སྐྱིང་གི་ཞིབ་འཇུག་པ་ཏོའི་ཞི་ཞིན་ (༡༩༡༥ — ༢༠༠༥) གིས་ཕྱུན་ཏོང་ས་ཁུལ་གྱི་དམངས་ཁྲོད་ནས་
བསྡུ་ཉོ་བྱས་པ་རེད། དུས་རབས་བོན་མཚོའི་ལོ་རབས་ལྔ་བཅུ་ནས་བཟུང་། ཕྱུན་ཏོང་ས་གནས་ཀྱི་མང་ཚོགས་རྣམས་ཀྱིས་རིན་བཞིན་
རང་གི་སྐྱེར་ཉར་ཡིག་རྙིང་དག་ཕྱུན་ཏོང་ཞིབ་འཇུག་སྐྱིང་ལ་སྐྱེལ་སུ་ཕུལ་བ་དང་བོད་འཛལ་གནང་བཞིན་འདུག་སྟེ། དཔེར་ན། མང་
རྩགས་Dy.t.༠༢༤དང་Dy.t.༠༢༠དང་Dy.t.༠༤གསུམ་ནི་ཕྱུན་ཏོང་ས་གནས་ཀྱི་མི་སྣ་གྲགས་ཅན་རིན་ཙོ་ཡིན་ (༡༩༠༡ — ༡༩༠༢) ཉར་
ཚགས་བྱས་ཡོད་པ་ཡིན་ཞིང་། མང་རྩགས་Dy.t.༡༢༢དང་Dy.t.༡༢༠དང་Dy.t.༡༢༢དང་Dy.t.༡༢༡དང་Dy.t.༡༢༩བཅས་ཀྱི་《ཚེ་དཔག་
ཏུ་མེད་པ་ཞེས་བྱ་བ་ཐེག་པ་ཆེན་པོའི་མདོ་》བྱ་བ་ནི་ ༢༠༠༢ཡོར་ཕྱུན་ཏོང་སན་ཕེ་ཞེན་གི་ཞིན་པ་བི་ཡུང་དི་ཡིས་ཕྱུན་ཏོང་ཞིབ་སྐྱིང་
ལ་སྐྱེལ་སུ་ཕུལ་བ་ཡིན། ༡༠༡༡ཡོའི་ཟླ་ཁབར། གནན་ད་ཏུན་ལས་འབྱུར་སྐྱ་ཞབས་ཡིག་ཏའི་ཆན་གཙོ་བྱས་པའི་ལྷམ་མོ་དང་སྲུན་
མཆེད་ཚོས་རང་གི་ཡབ་ཆེན་ཡིག་ཀུན་ཚུན་ (༡༩༢༢ — ༡༩༨༨) གྱི་ཉར་བའི་ཕྱུན་ཏོང་བོད་ཡིག་ཡིག་རྙིང་ཚར་བདུན་ (Dy.t.༡༦༩、
Dy.t.༡༠༠、Dy.t.༡༠༡、Dy.t.༡༠༢、Dy.t.༡༠༢、Dy.t.༡༠༩、Dy.t.༡༠༥) ཡོད་པ་ཡོངས་སུ་ཕྱུན་ཏོང་ཞིབ་འཇུག་སྐྱིང་ལ་སྐྱེལ་སུ་ཕུལ།

ཕྱུན་ཏོང་ཞིབ་འཇུག་སྐྱིང་དུ་ཉར་བའི་ཕྱུན་ཏོང་བོད་ཡིག་ཡིག་རྙིང་གི་ནན་དོན་ལ་བཙོད་བྱ་དེ་འདའི་ཕུག་ཤུམ་ཚོགས་པ་མེད་
པར།《ཤེས་རབ་ཀྱི་ཕ་རོལ་ཏུ་ཕྱིན་པའི་སྐྱིང་པོ་》དང《ཤེས་རབ་ཀྱི་ཕ་རོལ་ཏུ་ཕྱིན་པ་སྟོང་ཕྲག་ཉི་ཤུ་ལྔ་པ་》ཡི་ནན་དོན་རེ་གཉིས་ས་
གཏོགས། གནན་ཚོ་མ་《ཤེས་རབ་ཀྱི་ཕ་རོལ་ཏུ་ཕྱིན་པའི་སྟོང་ཕྲག་བརྒྱ་བ་》དང《ཚེ་དཔག་ཏུ་མེད་པ་ཞེས་བྱ་བ་ཐེག་པ་ཆེན་པོའི་
མདོ་》ཡིན་ནོ།། ཚོས་དཔའི་འདི་དག་ནན་དུ་ཚོས་གཞུང་འགྲི་མཁན་དང་ཞུ་དག་མཁན་གྱི་མཛད་བྱང་འཁོད་ཡོད། ཕྱུན་ཏོང་ཞིབ་འཇུག་
སྐྱིང་དུ་ཉར་བའི་ཕྱུན་ཏོང་བོད་ཡིག་ཡིག་རྙིང་ལ་གྲངས་འཁོར་ཕྱུན་ཞིང་ནན་དོན་ཕུག་ཤུམ་ཚོགས་པ་མེད་ནའང་། བོ་རྒྱུས་ཡིག་ཆའི་
གི་དཔྱད་གཞིའི་རིན་ཐང་གལ་ཆེན་ལྡན་ནོ།།

བཀྱོག་ལྔངས།

༡.དེབ་འདིར་ཏུན་ཧོང་ཞིབ་འཇུག་སྐྲིང་དུ་ཉར་བའི་ཏུན་ཧོང་བོད་ཡིག་ཡིག་རྙིང་ལག་བྲིས་མ་༡༣༥བཞུ་སྐྲིག་བྱས་ཡོད། དེའི་ནང་དུ་ཐོག་དྲིལ་ཅན་ཡང་རྒྱས་པ༥དང༌། སྐུ་རིང་ལ་ཡང་རྒྱས་༡༠དང་ཐོག་གྲངས་༡༣ བཞུགས།

༢.ཡིག་རྙིང་གི་རྣམ་པ་སོར་བཞག་བྱེད་ཆེད་མཚོན་མདོར་ཅན་དུ་དཔར་ཡོད།

༣.འདིར་ཚུད་པའི་ཡིག་རྙིང་རྣམས་ཉར་ཡུལ་ལས་ཁུངས་ཀྱི་ཨང་རྒྱགས་ལྟར་བསྒྲིགས་པ་ཡིན། ཉར་ཡུལ་ལས་ཁུངས་ཐལ་ཆེར་གྱིས་ལས་ཁུངས་རང་གི་བསྟུན་མིང་དང་རྒྱ་དབྱིན་གསལ་བྱེད་ཡི་གི་ཐོག་མ་དེ་བཀོད་ཡོད་དཔེར་ན། Dy.t.༠༠༡ཟེར་བ་ནི། ཏུན་ཧོང་ཞིབ་འཇུག་སྐྲིང་གི་བོད་ཡིག་ཡིག་རྙིང་གི་ཨང་རྒྱགས་དང་པོ་ཞེས་པའི་བསྡུས་མིང་ཡིན། ཞི་བོད་ཡིག་ཡིག་རྙིང་ལ་ཟེར།

༤.ཨང་རྒྱགས་གཅིག་ལ་ཤོག་གྲངས་མང་དུ་ཡོད་པར་ཨང་རྒྱགས་དེའི་རྗེས་སུ་༡། ༢། ༣བཀོད་ཡོད། དཔེར་ན། Dy.t.00—༡། Dy.t.00—༢། Dy.t.00—༣ཞེས་པ་ལྟ་བུའོ། ཤོག་གྲངས་ཀྱི་ཉིན་སྐྲིག་གཉིས་ཀྱི་ཉིན་ལ R(Recto)དང་སྐྲིབ་ལ V(Vetso)མཚོན་པར་བྱར་ཡོད། སྐྲིབ་རོས་སུ་ཡི་གི་བྲིས་མེད་ན་རྒྱགས་འདི་བཀོད་མེད།

༥.ཤོག་དྲིལ་ཅན་ཚོན་པ་གཉིས་རེ་པར་གཅིག་ཏུ་བཅད་དེ་བསྒྲིགས་ཡོད། དེའི་ཨང་རྒྱགས་ཀྱི་རྗེས་སུ་ (༣-༡)། (༣-༢)། (༣-༣)ཞེས་སྐྲིའི་པར་གྱི་ཁ་གྲངས་དང་བྱེ་བྲག་གི་པར་རོས་གང་ཡིན་པ་མཚོན་ཡོད།

༦.དེབ་འདིའི་པར་རོས་གསལ་བཤད་ལ་རྒྱ་བོད་ཡིག་རིགས་གཉིས་ཀ་ཡོད། དེབ་འདིར་བསྡུས་པའི་ཡིག་རྙིང་ཁག་གི་མིང་འདོགས་སྐབས་ནི་མ་ཡིག་རོས་ཀྱི་མིང་སོར་བཞག་བྱས་ཡོད། (འདི་སྐྲངས་མི་འདུ་བཞང་ཡོད།) གལ་ཏེ་མ་ཡིག་ལས་མིང་བྱུང་མེད་ཚེ་ནང་དོན་ལྟར་གཏན་འབེབས་བྱས་པ་ཡིན། དེ་མིན་གཞན་གྱི་དཔྱད་འབྲས་ལ་འང་རྱར་བལྟ་བྱས་ཡོད།

༧.དེབ་འདིའི་ཡིག་རྙིང་གི་འདུ་པར་ཀྱི་ཆེ་ཆུང་ནི་མ་ཡིག་དང་མཚུངས།

དཀར་ཆག

Dy.t.001—175

21

23

མཚན་རིས་ཀྱི་དཀར་ཆག

28. མའོ་ཀའོ་བྲག་ཕུག་ཡང་༡༠༤པའི་ནང་གི་སྟོན་པ་བྱུང་འདས་ཀྱི་སྐུ།

29. མའོ་ཀའོ་བྲག་ཕུག་ཡང་༡༠༤པའི་ནང་གི་ལྷ་སྐུ།

30. མའོ་ཀའོ་བྲག་ཕུག་ཡང་༡༠༦པའི་ནང་གི་ལྷ་སྐུ།

31. མའོ་ཀའོ་བྲག་ཕུག་ཡང་༡༠༤པའི་སྟེབས་རིས་རོས་ཀྱི་རྒྱལ་ཁབ་ལག་གི་རྒྱལ་སྲས་རྣམས་ཀྱིས་རྒྱ་ནན་ཞུ་ཚལ་དང་བོད་ཡིག་གི་
མཛད་བྱུང་།

32. མའོ་ཀའོ་བྲག་ཕུག་ཡང་༡༠༤པའི་སྟེབས་རིས་ཀྱི་ད་ལྟའི་རྣམ་པ།

33. མའོ་ཀའོ་བྲག་ཕུག་ཡང་༡༠༥པའི་སྟེབས་རིས་དང་ལྷ་སྐུ།

34. མའོ་ཀའོ་བྲག་ཕུག་ཡང་༣༦༥པའི་རོས་ཀྱི་བོད་ཡིག་གི་མཛད་བྱུང་།

35. མའོ་ཀའོ་བྲག་ཕུག་ཡང་༣༦༥པའི་རོས་ཀྱི་བོད་ཡིག་གི་མཛད་བྱུང་།

36. མའོ་ཀའོ་བྲག་ཕུག་ཡང་༢༥པའི་རོས་ཀྱི་བོད་ཡིག་གི་མཛད་བྱུང་།

37. ཡུ་ལིམ་བྲག་ཕུག་ཡང་༣༥པའི་རོས་ཀྱི་བོད་ཡིག་གི་མཛད་བྱུང་།

38. མའོ་ཀའོ་བྲག་ཕུག་ཡང་༡༣པའི་རོས་ཀྱི་བོད་ཡིག་གི་མཛད་བྱུང་།

39. མའོ་ཀའོ་བྲག་ཕུག་ཡང་༡༣པའི་རོས་ཀྱི་བོད་ཡིག་གི་མཛད་བྱུང་།

40. ཚོས་ལ་གསན་ཚུལ་གྱི་ཐང་ཀའི་བཞིངས་འགྲོ།

41. སྒྲུན་རས་གཟིགས་བརྒྱ་གཅིག་ཞལ།

1. ཡར་ཀླུང་ལོག

雅砻河谷

2. ཡུམ་བུ་བླ་སྒང་།
雍布拉康

3. གོང་པོ་ལྷ་རི།
貢布日神山

4. པོ་བྲང་པོ་ཏ་ལ།
布達拉宮（1）

5. པོ་བྲང་པོ་ཏ་ལ།
布達拉宮（2）

6. བསམ་ཡས་གཙུག་ལག་ཁང་།

桑耶寺

7. ལྷ་ལྡན་གཙུག་ལག་ཁང་།

大昭寺

8. འབྲས་སྤུངས་དགོན།
哲蚌寺

9. ཐང་བོད་མཉའ་འབྲེལ་གཅིགས་ཀྱི་རྡོ་རིང་།
唐蕃會盟碑

10. རྒྱན་ཐོང་མོའི་གའི་བྲག་ཕུག་གི་ཕྱིའི་བཀོད་པ།
莫高窟外景

11. མོའི་གའི་བྲག་ཕུག་གི་ཐྲམས་ཁང་དགུ་བརྩེགས།
莫高窟九層樓外景

12. མོའོ་གའོ་བྲག་ཕུག་ཡང་༡༧པ་སྟེ་གཏེར་མའི་བྲག་ཕུག
莫高窟第17窟藏經洞

13. མོའོ་གའོ་བྲག་ཕུག་ཡང་༡༧པ་ནང་གི་བཅུན་པ་ཏོང་པེན་གྱི་སྐུ་བརྙན།
莫高窟第17窟藏經洞洪辯像

14. གཏེར་ཕུག་གི་སྲོ་འབྲེད་མཁན་སྟེ་ཏའོ་ཤུགས་པ་ཝང་ཡོན་ལོ།
王道士在下寺正殿前

15. གདེར་མའི་བྲག་ཕུག་གི་སྒོ་དང་བྲག་ཕུག་ཨང་གྲངས་༡༤པའི་བར་ཁྱམས།

藏經洞洞口和第16窟甬道

16. མོའོ་གའོ་བྲག་ཕུག་ཨང་གྲངས་༡༧པའི་རྡོས་ཀྱི་རྗེ་ཤགས་སྟོངས་ཤུལ།

莫高窟第17窟沙痕

17. མོའོ་གའོ་བྲག་ཕུག་ཨང་གྲངས་༡༥༩པའི་ཐུབས་རིས་རྡོས་ཀྱི་བོད་བཙན་པོ་འཁོར་དང་བཅས་པ།

莫高窟第159窟吐蕃贊普圖

18. མའོ་གའོ་བྲག་ཕུག་ཨང་༣༥༩་པའི་སྟེབས་རིས་རོས་ཀྱི་བོད་ལུ་གྱོན་པའི་ཡོན་བདག

莫高窟第359窟吐蕃裝供養人

19. མའོ་གའོ་བྲག་ཕུག་ཨང་༩་པའི་སྟེབས་རིས་རོས་ཀྱི་བོད་བཙན་པོ་དང་རྒྱལ་ཁབ་ཁག་གི་རྒྱལ་སྲས་རྣམས་ཀྱིས་ཆོས་ལ་གསན་ཚུལ།

莫高窟第9窟吐蕃贊普及各國王子聽法圖

20. མའོ་གའོ་བྲག་ཕུག་ཨང་༣༥༩པའི་སྟེངས་རིས་ རོས་ཀྱི་བོད་བཙན་པོས་ཆོས་ལ་གསན་ཚུལ།

莫高窟第359窟吐蕃贊普聽法圖

21. མའོ་གའོ་བྲག་ཕུག་ཨང་༦༡པའི་སྟེངས་རིས་ རོས་ཀྱི་ བོད་བཙན་པོ་དང་རྒྱལ་ཁབ་ཁག་གི་རྒྱལ་སྲས་རྣམས་ ཀྱིས་ཆོས་ལ་གསན་ཚུལ།

莫高窟第61窟吐蕃贊普及各國王子聽法圖

22. མའོ་གའོ་བྲག་ཕུག་ཨང་༡༥པའི་སྟེངས་རིས་ རོས་ཀྱི་ བོད་བཙན་པོའི་སྐུ་བརྙན།

莫高窟第85吐蕃贊普圖

23. མའོ་གའོ་བྲག་ཕུག་ཨང་༡༣༥པའི་སྟེབས་རིས་རོས་ཀྱི་བོད་བཙན་པོས་ཆོས་ལ་གསན་ཆུལ།
莫高窟第135窟吐蕃贊普聽法圖

24. མོའེ་གའོ་བྲག་ཕུག་ཨང་༡༠༨པའི་ཞིབས་རིས་ཏོང་གི་བོད་བཙན་པོ་དང་རྒྱལ་ཁབ་ཁག་གི་རྒྱལ་སྲས་རྣམས་ཀྱིས་ཆོས་ལ་གསན་ཚལ།

莫高窟第108窟吐蕃贊普及各國王子聽法圖

25. མོའེ་གའོ་བྲག་ཕུག་ཨང་༡༥༦པའི་ཞིབས་རིས་ཏོང་གི་བོད་བཙན་པོ་དང་རྒྱལ་ཁབ་ཁག་གི་རྒྱལ་སྲས་རྣམས་ཀྱིས་ཆོས་ལ་གསན་ཚལ།

莫高窟第156窟東壁北側吐蕃贊普及各國王子聽法圖

26. མ་བོ་གའོ་བྲག་ཕུག་ཨང་༡༥༩པའི་ནང་གི་ལྷ་སྐུ།
莫高窟第159窟西壁龕內兩側弟子、菩薩

27. མ་བོ་གའོ་བྲག་ཕུག་ཨང་༢༠༥པའི་ནང་གི་ལྷ་སྐུ།
莫高窟第205窟披虎皮天王像

28. མོའི་གའོ་བྲག་ཕུག་ཡང་པདཔའི་ནང་གི་སྨྲོན་པ་རྒྱུང་འདས་ཀྱི་སྐུ།

莫高窟第158窟涅槃像

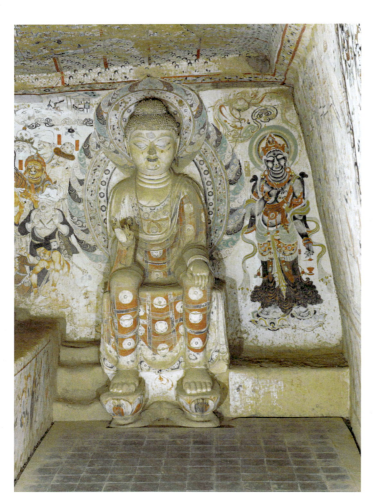

29. མོའི་གའོ་བྲག་ཕུག་ཡང་པདཔའི་ནང་གི་ལྷ་སྐུ།

莫高窟第158窟未來佛塑像

30. མོའི་གའོ་བྲག་ཕུག་ཡང་པདཔའི་ནང་གི་ལྷ་སྐུ།

莫高窟第197窟的菩薩像

31. མདོ་གའི་བྲག་ཕུག་ཨང་༡༥༨པའི་ཞིབས་རིས་རོས་ཀྱི་རྒྱལ་ཁབ་ཁག་གི་རྒྱལ་སྲས་རྣམས་
ཀྱིས་བྱུ་དན་ཞུ་ཚུལ་དང་བོད་ཡིག་གི་མཛད་བྱང་།
莫高窟第158窟各國王子舉哀圖及藏文題記（1908年拍攝）

32. མདོ་གའི་བྲག་ཕུག་ཨང་༡༥༨པའི་ཞིབས་རིས་ཀྱི་ད་ལྟའི་རྣམ་པ།
莫高窟第158窟各國王子舉哀圖（現狀）

33. མ་བོ་ཀའོ་བྲག་ཕུག་ཨང་༡༥༩་པའི་ཕྱོགས་རིས་དང་ལྷ་སྐུ།
莫高窟第159窟西壁全圖

34. མ་འོ་ཀའོ་བྲག་ཕུག་ཨང་༣༦༥པའི་ངོས་ཀྱི་བོད་ཡིག་གི་མཛད་བྱང་།
莫高窟第365窟藏文題記（1）

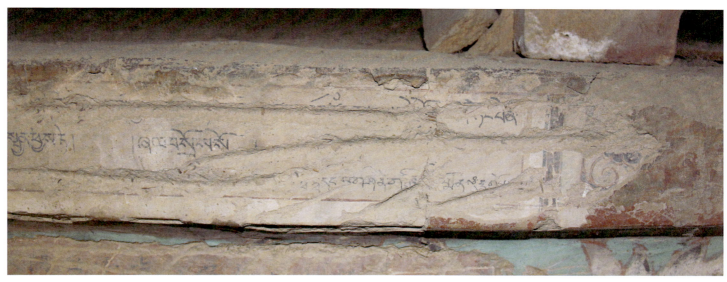

35. མ་འོ་ཀའོ་བྲག་ཕུག་ཨང་༣༦༥པའི་ངོས་ཀྱི་བོད་ཡིག་གི་མཛད་བྱང་།
莫高窟第365窟藏文題記（2）

36. མ་འོ་ཀའོ་བྲག་ཕུག་ཨང་༧༥པའི་ངོས་ཀྱི་བོད་ཡིག་གི་མཛད་བྱང་།
莫高窟第75窟藏文題記

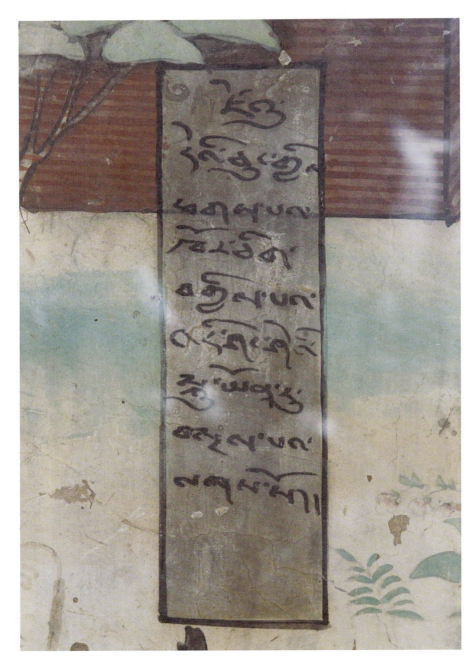

37. ཡུ་ལིམ་བྲག་ཕུག་ཨང་༢༥པའི་རོས་ཀྱི་བོད་ཡིག་གི་མཛད་བྱུང་།
榆林窟第25窟藏文題記

38. མཆོ་གའོ་བྲག་ཕུག་ཨང་༡༧པའི་རོས་ཀྱི་བོད་ཡིག་གི་མཛད་བྱུང་།
莫高窟第17窟藏文題記（1）

39. མཆོ་གའོ་བྲག་ཕུག་ཨང་༡༧པའི་རོས་ཀྱི་བོད་ཡིག་གི་མཛད་བྱུང་།
莫高窟第17窟藏文題記（2）

40. ཚོས་ལ་གསན་ཆུལ་གྱི་ཐང་ཀའི་བཞེངས་འགྲོ།

說法圖（部分）粉本

41. སྤྱན་རས་གཟིགས་བཅུ་གཅིག་ཞལ།

十一面觀音菩薩圖

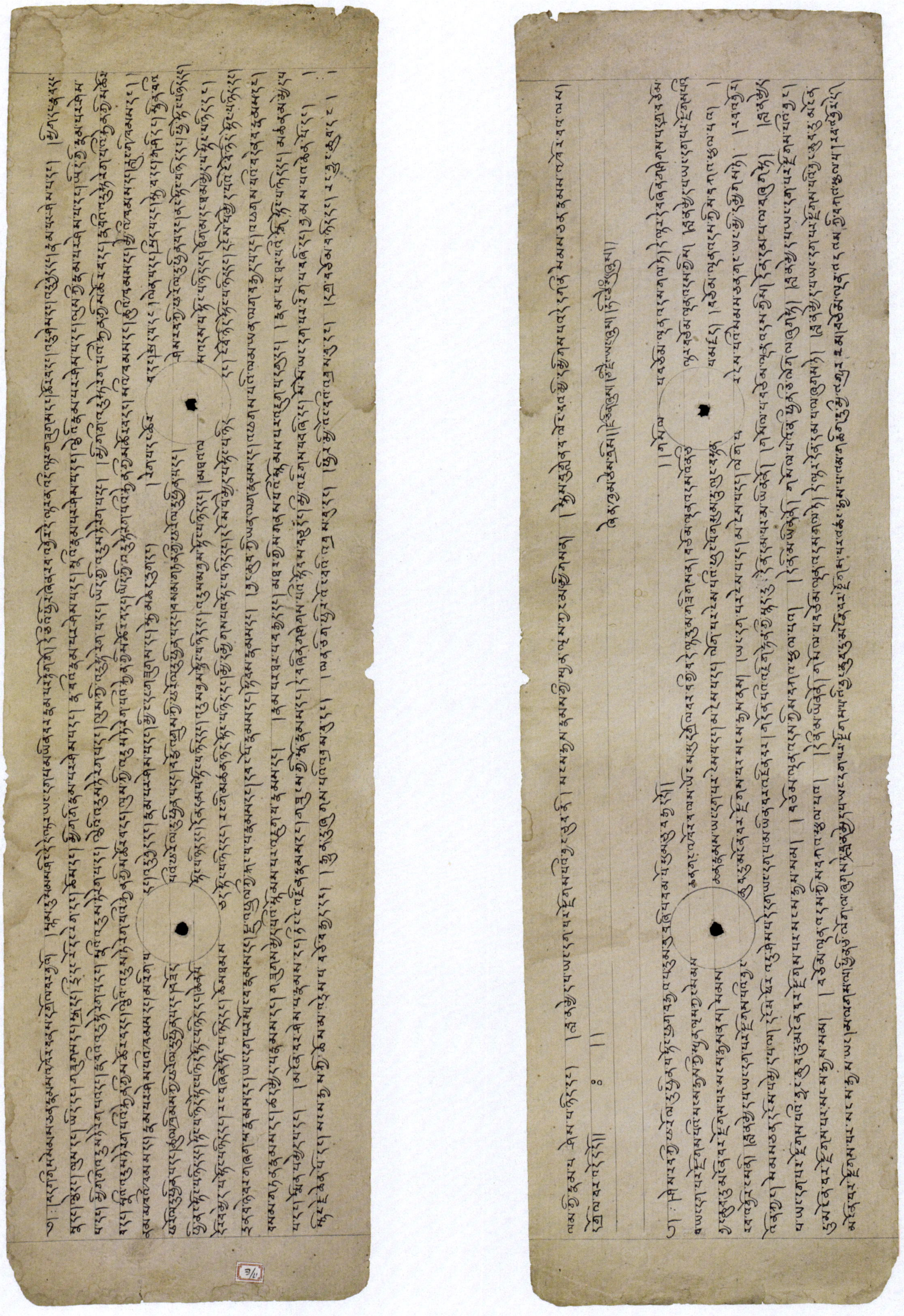

敦研 Dy.t.001 (R-V) ཤེས་རབ་ཀྱི་ཕ་རོལ་ཏུ་ཕྱིན་པ་སྟོང་ཕྲག་བརྒྱའ་པ་དུམ་བུ་བཞི་པ་བམ་པོ་སུམ་ཅུ་བདུན་དང་སུམ་ཅུ་བརྒྱད་དོ།།
十萬頌般若波羅蜜多經第四卷第三十七、三十八品

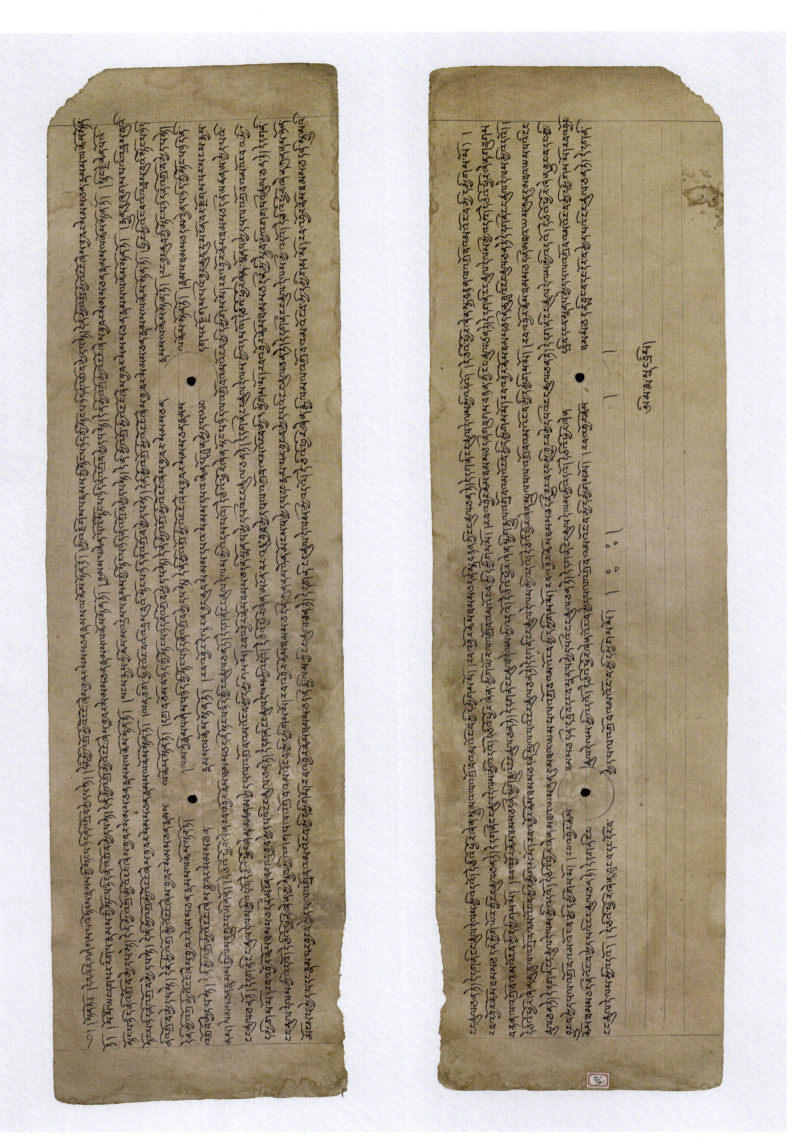

敦研 Dy.t.002 (R-V)　ཤེས་རབ་ཀྱི་ཕ་རོལ་ཏུ་ཕྱིན་པ་སྟོང་ཕྲག་བརྒྱ་པ།
十萬頌般若波羅蜜多經

敦研 Dy.t.003 (R-V)　ཤེས་རབ་ཀྱི་ཕ་རོལ་ཏུ་ཕྱིན་པ་སྟོང་ཕྲག་བརྒྱ་པ།
十萬頌般若波羅蜜多經

敦研 Dy.t.004 (R-V) ཤེས་རབ་ཀྱི་ཕ་རོལ་དུ་ཕྱིན་པ་སྟོང་ཕྲག་བརྒྱ་པ།
十萬頌般若波羅蜜多經

敦研 Dy.t.005 (R-V)　ཤེས་རབ་ཀྱི་ཕ་རོལ་དུ་ཕྱིན་པ་སྟོང་ཕྲག་བརྒྱ་པ།
十萬頌般若波羅蜜多經

敦研 Dy.t.006 (R-V)　ཤེས་རབ་ཀྱི་ཕ་རོལ་ཏུ་ཕྱིན་པ་སྟོང་ཕྲག་བརྒྱ་པ།
十萬頌般若波羅蜜多經

6

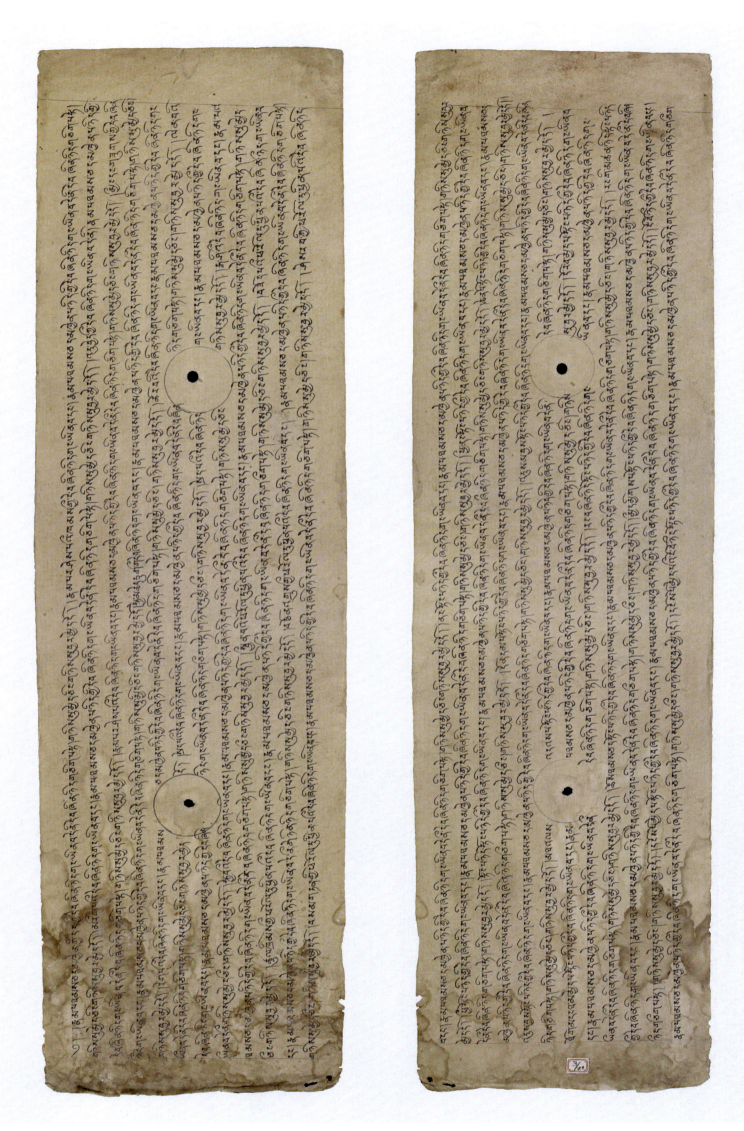

敦研 Dy.t.007 (R-V)　ཤེས་རབ་ཀྱི་ཕ་རོལ་ཏུ་ཕྱིན་པ་སྟོང་ཕྲག་བརྒྱ་པ།
十萬頌般若波羅蜜多經

7

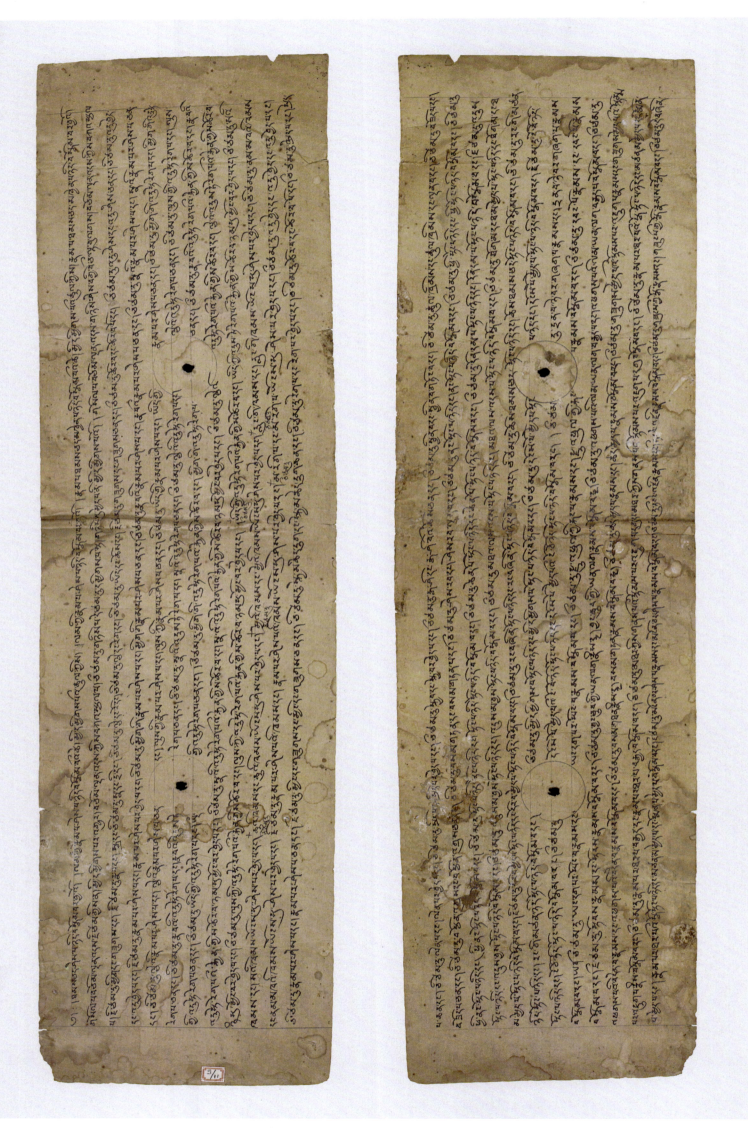

敦研 Dy.t.008 (R-V)　ཤེས་རབ་ཀྱི་ཕ་རོལ་དུ་ཕྱིན་པ་སྟོང་ཕྲག་བརྒྱ་པ།

十萬頌般若波羅蜜多經

敦研 Dy.t.009 (R-V)　ཤེས་རབ་ཀྱི་ཕ་རོལ་དུ་ཕྱིན་པ་སྟོང་ཕྲག་བརྒྱ་པ།
十萬頌般若波羅蜜多經

敦研 Dy.t.010 (R-V)　ཤེས་རབ་ཀྱི་ཕ་རོལ་ཏུ་ཕྱིན་པ་སྟོང་ཕྲག་བརྒྱ་པ།

十萬頌般若波羅蜜多經

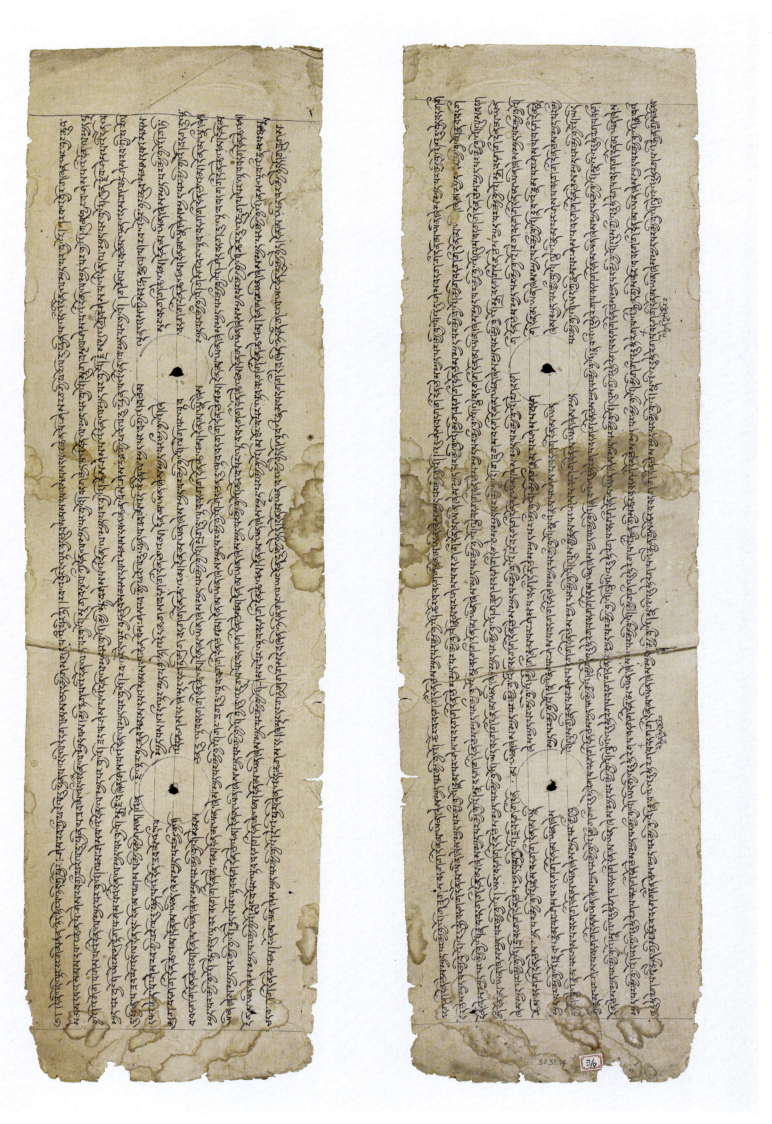

敦研 Dy.t.011 (R-V)　ཤེས་རབ་ཀྱི་ཕ་རོལ་ཏུ་ཕྱིན་པ་སྟོང་ཕྲག་བརྒྱ་པ།

十萬頌般若波羅蜜多經

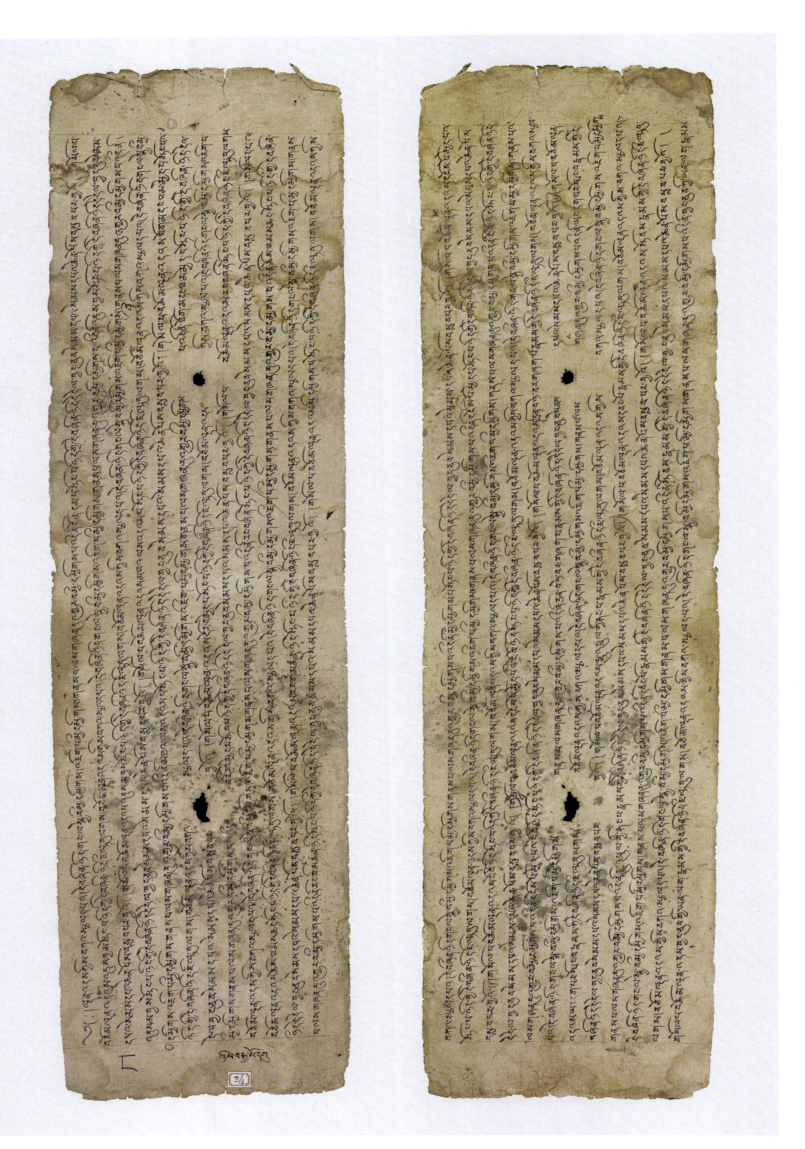

敦研 Dy.t.012 (R-V)　ཤེས་རབ་ཀྱི་ཕ་རོལ་དུ་ཕྱིན་པ་སྟོང་ཕྲག་བརྒྱ་པ།

十萬頌般若波羅蜜多經

敦研 Dy.t.013-1 (R-V)　ཤེས་རབ་ཀྱི་ཕ་རོལ་དུ་ཕྱིན་པ་སྟོང་ཕྲག་ཉི་ཤུ་ལྔ་པ་དུམ་བུ་ཐ་མ་བམ་པོ་དྲུག་བཅུ་པ།

二萬五千頌般若波羅蜜多經最後卷第六十品

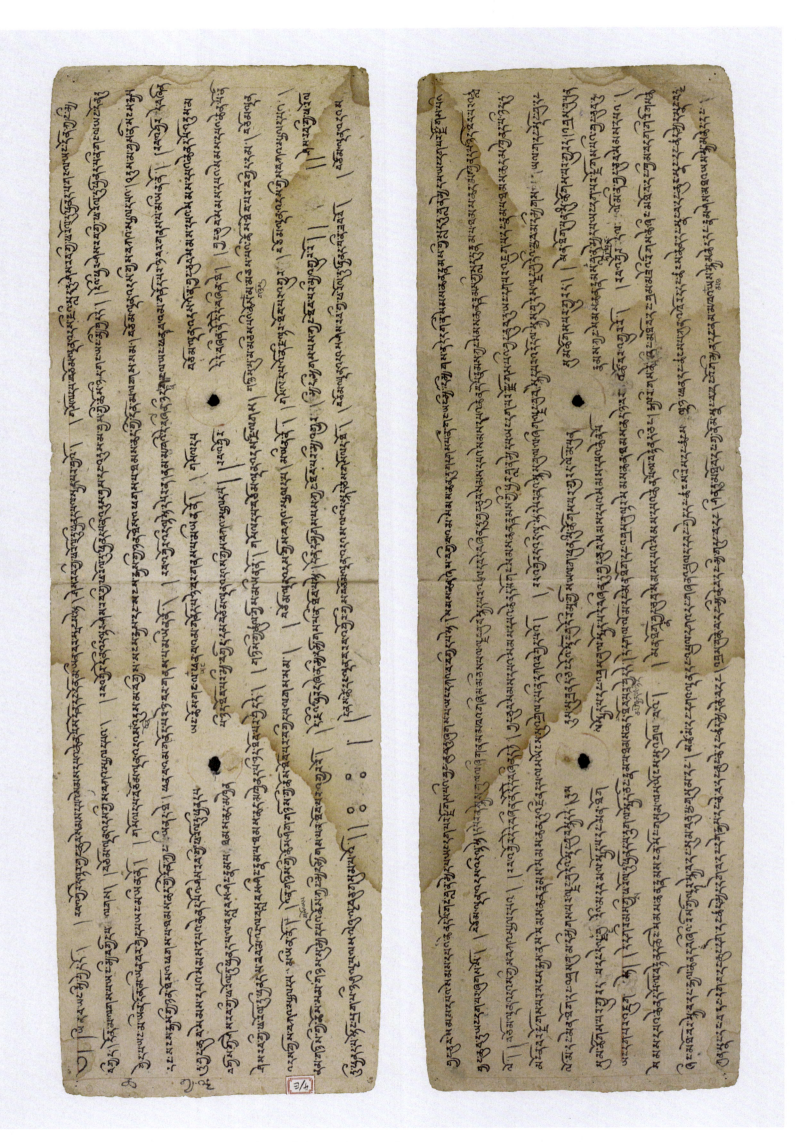

敦研 Dy.t.013-2 (R-V)　ཤེས་རབ་ཀྱི་ཕ་རོལ་ཏུ་ཕྱིན་པ་སྟོང་ཕྲག་ཉི་ཤུ་ལྔ་པ་དུམ་བུ་ཐ་མ་བམ་པོ་དྲུག་བཅུ་པ།

二萬五千頌般若波羅蜜多經最後卷第六十品

敦研 Dy.t.014　ཆོ་དཔག་དུ་མྱེད་པ་ཞེས་བྱ་བ་ཐེག་པ་ཆེན་པོའི་མདོ།།
　　　　　　　大乘無量壽宗要經　（3—1）

敦研 Dy.t.014　ཆོ་དཔག་དུ་མྱེད་པ་ཞེས་བྱ་བ་ཐེག་པ་ཆེན་པོའི་མདོ།།
　　　　　　　大乘無量壽宗要經　（3—2）

敦研 Dy.t.014　ཚེ་དཔག་དུ་མྱེད་པ་ཞེས་བྱ་བ་ཐེག་པ་ཆེན་པོའི་མདོ།།
大乘無量壽宗要經　（3—3）

敦研 Dy.t.015　ཚེ་དཔག་དུ་མྱེད་པ་ཞེས་བྱ་བ་ཐེག་པ་ཆེན་པོའི་མདོ།།
大乘無量壽宗要經　（3—1）

16

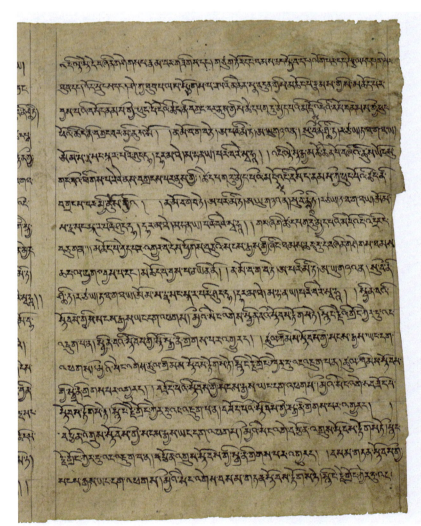

敦研 Dy.t.015　ཚེ་དཔག་ཏུ་མྱེད་པ་ཞེས་བྱ་བ་ཐེག་པ་ཆེན་པོའི་མདོ།།

大乘無量壽宗要經　（3—2）

敦研 Dy.t.015　ཚེ་དཔག་ཏུ་མྱེད་པ་ཞེས་བྱ་བ་ཐེག་པ་ཆེན་པོའི་མདོ།།

大乘無量壽宗要經　（3—3）

敦研 Dy.t.016　ཚེ་དཔག་ཏུ་མྱེད་པ་ཞེས་བྱ་བ་ཐེག་པ་ཆེན་པོ་འི་མདོ། །
　　　　　　大乘無量壽宗要經　（3—1）

敦研 Dy.t.016　ཚེ་དཔག་ཏུ་མྱེད་པ་ཞེས་བྱ་བ་ཐེག་པ་ཆེན་པོ་འི་མདོ། །
　　　　　　大乘無量壽宗要經　（3—2）

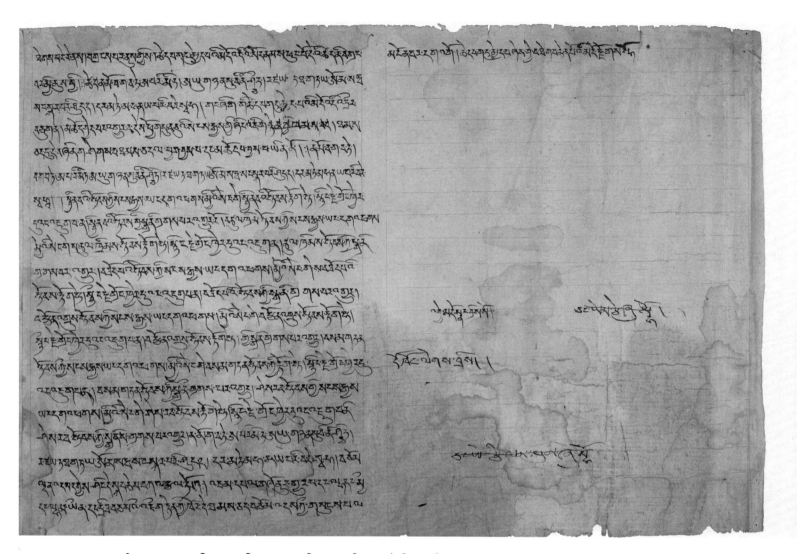

敦研 Dy.t.016　　ཚེ་དཔག་དུ་མྱེད་པ་ཞེས་བྱ་བ་ཐེག་པ་ཆེན་པོ་འི་མདོ་ །:།
　　　　　　　大乘無量壽宗要經　（3—3）

敦研 Dy.t.017　　ཚེ་དཔག་དུ་མྱེད་པ་ཞེས་བྱ་བ་ཐེག་པ་ཆེན་པོ་འི་མདོ།།
　　　　　　　大乘無量壽宗要經　（3—1）

敦研 Dy.t.017　ཚེ་དཔག་དུ་མྱེད་པ་ཞེས་བྱ་བ་ཐེག་པ་ཆེན་པོ་འི་མདོ།།
大乘無量壽宗要經　（3—2）

敦研 Dy.t.017　ཚེ་དཔག་དུ་མྱེད་པ་ཞེས་བྱ་བ་ཐེག་པ་ཆེན་པོ་འི་མདོ།།
大乘無量壽宗要經　（3—3）

敦研 Dy.t.018　ཚེ་དཔག་ཏུ་མྱེད་པ་ཞེས་བྱ་བ་ཐེག་པ་ཆེན་པོའི་མདོ།།
大乘無量壽宗要經 （3—1）

敦研 Dy.t.018　ཚེ་དཔག་ཏུ་མྱེད་པ་ཞེས་བྱ་བ་ཐེག་པ་ཆེན་པོའི་མདོ།།
大乘無量壽宗要經 （3—2）

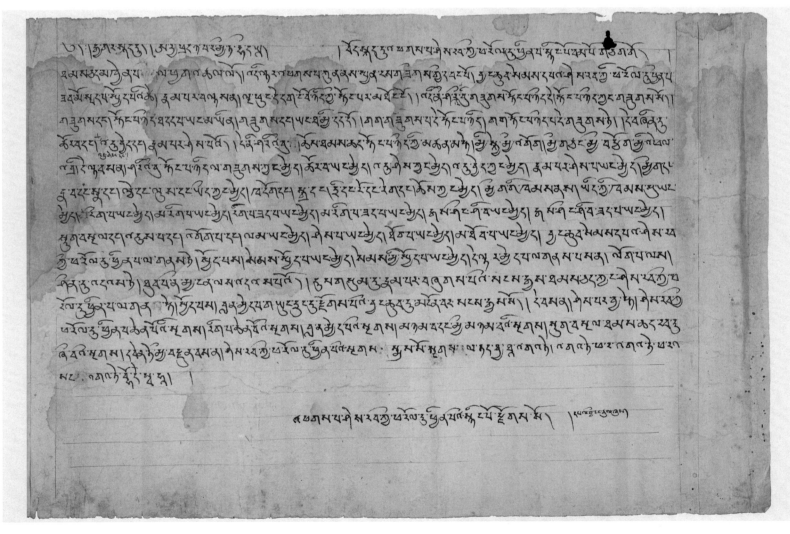

敦研 Dy.t.018　ཚེ་དཔག་དུ་མྱེད་པ་ཞེས་བྱ་བ་ཐེག་པ་ཆེན་པོའི་མདོ།།
大乘無量壽宗要經　（3—3）

敦研 Dy.t.019　འཕགས་པ་ཤེས་རབ་ཀྱི་ཕ་རོལ་དུ་ཕྱིན་པ་སྙིང་པོ་བཞུགས་སོ་གཙིག་གོ།།
般若波羅蜜多心經

22

敦研 Dy.t.020　ཚེ་དཔག་དུ་མྱེད་པ་ཞེས་བྱ་བ་ཐེག་པ་ཆེན་པོ་འི་མདོ།།
大乘無量壽宗要經　（4—1）

敦研 Dy.t.020　ཚེ་དཔག་དུ་མྱེད་པ་ཞེས་བྱ་བ་ཐེག་པ་ཆེན་པོ་འི་མདོ།།
大乘無量壽宗要經　（4—2）

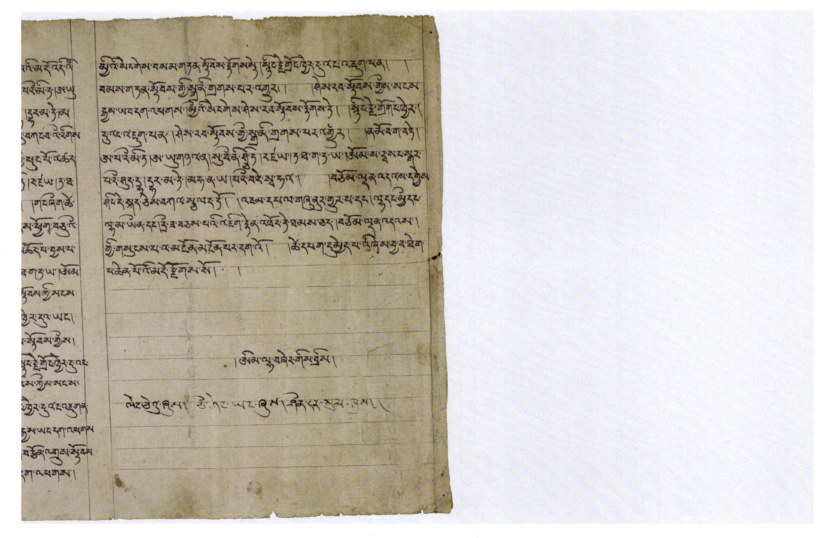

敦研 Dy.t.020　ཚེ་དཔག་དུ་མྱེད་པ་ཞེས་བྱ་བ་ཐེག་པ་ཆེན་པོ་འི་མདོ།།
大乘無量壽宗要經　（4—3）

敦研 Dy.t.020　ཚེ་དཔག་དུ་མྱེད་པ་ཞེས་བྱ་བ་ཐེག་པ་ཆེན་པོ་འི་མདོ།།
大乘無量壽宗要經　（4—4）

敦研 Dy.t.021　ཚེ་དཔག་མྱེད་པ་ཞེས་བྱ་བ་ཐེག་པ་ཆེན་པོའི་མདོ།།
大乘無量壽宗要經 （3—1）

敦研 Dy.t.021　ཚེ་དཔག་མྱེད་པ་ཞེས་བྱ་བ་ཐེག་པ་ཆེན་པོའི་མདོ།།
大乘無量壽宗要經 （3—2）

敦研 Dy.t.021　ཚེ་དཔག་མྱེད་པ་ཞེས་བྱ་བ་ཐེག་པ་ཆེན་པོའི་མདོ།།
大乘無量壽宗要經　（3—3）

敦研 Dy.t.022　ཚེ་དཔག་ཏུ་མྱེད་པ་ཞེས་བྱ་བའ་ཐེག་པ་ཆེན་པོ་འི་མདོ༔།
大乘無量壽宗要經　（3—1）

26

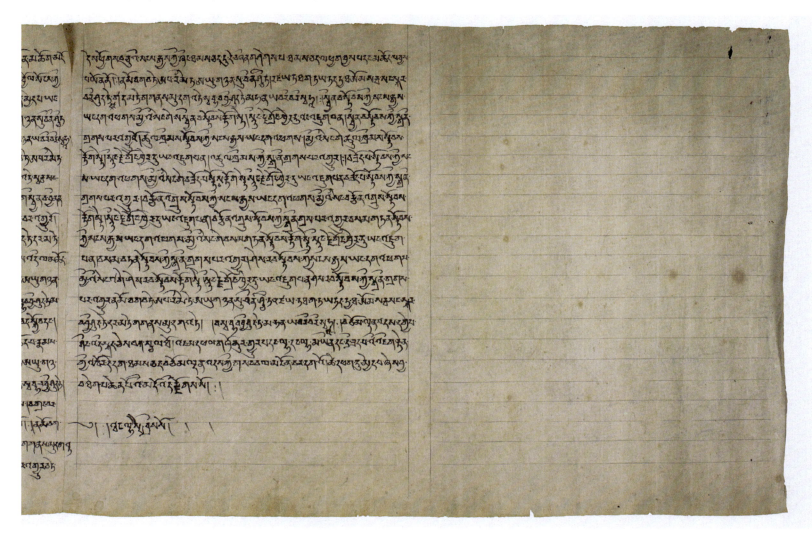

敦研 Dy.t.022　ཚེ་དཔག་ཏུ་མྱེད་པ་ཞེས་བྱ་བའ་ཐེག་པ་ཆེན་པོ་འི་མདོ༔།
大乘無量壽宗要經　（3—2）

敦研 Dy.t.022　ཚེ་དཔག་ཏུ་མྱེད་པ་ཞེས་བྱ་བའ་ཐེག་པ་ཆེན་པོ་འི་མདོ༔།
大乘無量壽宗要經　（3—3）

敦研 Dy.t.023　ཚེ་དཔག་དུ་མྱེད་པ་ཞེས་བྱ་བ་ཐེག་པ་ཆེན་པོའི་མདོ།།
大乘無量壽宗要經　（3—1）

敦研 Dy.t.023　ཚེ་དཔག་དུ་མྱེད་པ་ཞེས་བྱ་བ་ཐེག་པ་ཆེན་པོའི་མདོ།།
大乘無量壽宗要經　（3—2）

敦研 Dy.t.023　ཚེ་དཔག་དུ་མྱེད་པ་ཞེས་བྱ་བ་ཐེགས་པ་ཆེན་པོའི་མདོ།།
大乘無量壽宗要經 （3—3）

敦研 Dy.t.024　ཚེ་དཔག་དུ་མྱེད་པ་ཞེས་བྱ་བ་ཐེག་པ་ཆེན་པོ་འི་མདོ༔།
大乘無量壽宗要經 （3—1）

敦研 Dy.t.024　ཚེ་དཔག་ཏུ་མྱེད་པ་ཞེས་བྱ་བ་ཐེག་པ་ཆེན་པོ་འི་མདོ༔།

大乘無量壽宗要經　（3—2）

敦研 Dy.t.024　ཚེ་དཔག་ཏུ་མྱེད་པ་ཞེས་བྱ་བ་ཐེག་པ་ཆེན་པོ་འི་མདོ༔།

大乘無量壽宗要經　（3—3）

敦研 Dy.t.025 (R)　ཚེ་དཔག་དུ་མྱེད་པ་ཞེས་བྱ་བ་ཐེག་པ་ཆེན་པོའི་མདོ།།
大乘無量壽宗要經　（4—1）

敦研 Dy.t.025 (R)　ཚེ་དཔག་དུ་མྱེད་པ་ཞེས་བྱ་བ་ཐེག་པ་ཆེན་པོའི་མདོ།།
大乘無量壽宗要經　（4—2）

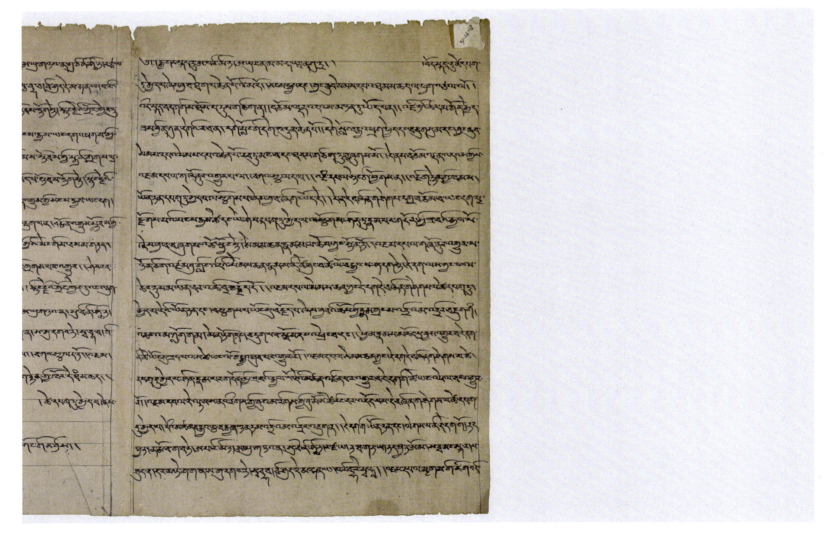

敦研 Dy.t.025 (R)　ཆོ་དཔག་ཏུ་མྱེད་པ་ཞེས་བྱ་བ་ཐེག་པ་ཆེན་པོའི་མདོ།།
大乘無量壽宗要經 （4—3）

敦研 Dy.t.025 (R)　ཆོ་དཔག་ཏུ་མྱེད་པ་ཞེས་བྱ་བ་ཐེག་པ་ཆེན་པོའི་མདོ།།
大乘無量壽宗要經 （4—4）

敦研 Dy.t.025 (V) རིན་ཆེ་ཡི་ནས་བྱིས་པའི་རྒྱ་ཡིག་གི་ཚིགས་གཞུང་།
任子宜抄録經文 （4—1）

敦研 Dy.t.025 (V) རིན་ཆེ་ཡི་ནས་བྱིས་པའི་རྒྱ་ཡིག་གི་ཚིགས་གཞུང་།
任子宜抄録經文 （4—2）

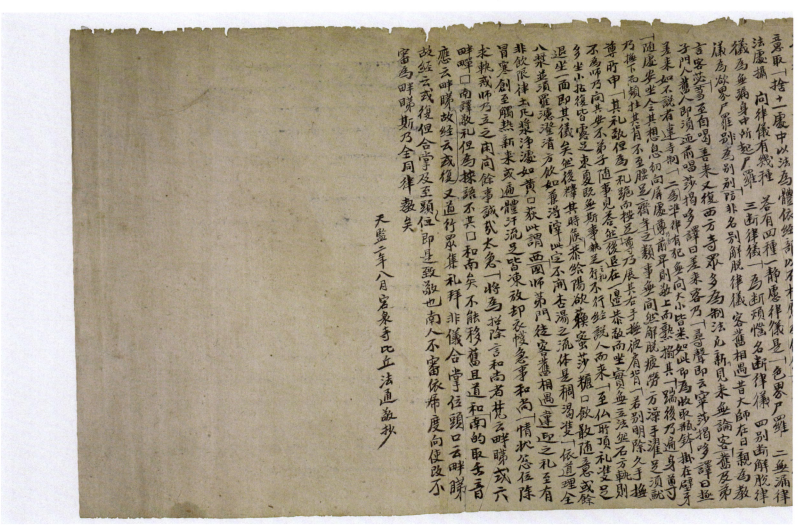

敦研 Dy.t.026 (R)　ཚེ་དཔག་ཏུ་མྱེད་པ་ཞེས་བྱ་བ་ཐེག་པ་ཆེན་པོའི་མདོ།།

大乘無量壽宗要經 （4—1）

敦研 Dy.t.026 (R)　ཚེ་དཔག་ཏུ་མྱེད་པ་ཞེས་བྱ་བ་ཐེག་པ་ཆེན་པོའི་མདོ།།

大乘無量壽宗要經 （4—2）

敦研 Dy.t.026 (R)　　ཚེ་དཔག་ཏུ་མྱེད་པ་ཞེས་བྱ་བ་ཐེག་པ་ཆེན་པོའི་མདོ།།

大乘無量壽宗要經　（4—3）

敦研 Dy.t.026 (R)　　ཚེ་དཔག་ཏུ་མྱེད་པ་ཞེས་བྱ་བ་ཐེག་པ་ཆེན་པོའི་མདོ།།

大乘無量壽宗要經　（4—4）

將釋此經文

將釋此經文前總以三門分別　第一天台五義　第二會古兩序
第三正釋經文　就此第三釋正文之中然十四品經大分三別初此四
半品為未信令信故名序分此十一品半信已令悟故名正宗分三後二
品盡經終悟已應傳名流通分　就初序分之中復有三別初則騰方
廬是集經者引事證信次合盡現土是說經者騰物令信後稱嘆讚
揚是問經法主使仰德生信也　上來總相序竟　此下茅上明正宗前

是序分既合盡騰心讚揚信養故此肅根啓悟證果獲盡文三初仙國
二誡許三受教四如來答　就答中文四初答二問二身子疑問三指按
現淨四時眾得益　此下第二序名助仏闡揚淨土之化九品經文大分
為二初三品室外彈訶天品經文先哲仕　初室外三品經文室外三品
廢次訶二訶三品後訶四初弟一析訶仕廬就先哲仕
疾益物文四一明方便現疾二諸人眾問　三國為說法　四闡淨得益
此茅二訶聲聞并初命二峰峰中文四一奉峰不堪二略釋前
以三廣引彈事四結辭不堪上來惣明室外三品竟　此二明室
攜受六品經文　初文殊品　中文二初命二恭命就恭命文五一恭
命問疾二大家侍經三賔主往復四宣言問疾五時得益

太上神化神呪經
　　　　　　　敦煌任子宜鈔録石室塵現本

道言大劫垂至水流□萬三千之災鬼兵駈除世人死盡
吾今乘青龍將天人力士令受此經此經者仙人遮截疫勅下魔
玉自來世間似度愚人令受此經此經者仙人注薄得在
玉歷之中免脫水厄九塗之中汝等自今以去能得聞
受經待誡者吾遣化人力士卅億萬人常來逐子計
道言十方國人令受此神化神呪經二奉廬廬流行
道士有受此經者无不昇仙令胡國亦待此經力令
以去若有男女之人受持此經者十方大兵守經力士
八億万人當護經師受經之人終不令橫死也終不令
惡鬼來近之也
道言今世濁亂人多惡不信道法其中有一
人聞經歡憘受持供養者吾當遣甲力士
十方赤騎卅九億万人帝逐汝身令汝聰明
无痛无病昕顧徑心住官高遷百福自然得
免三災九厄之中矣
道言三運促近鬼兵縱橫大水浩浩子等知
不也太上恐一切眾生沒在沉中為之流淚
五行素何奈何世濁人偏各導化懃誘眾
庄令出三途汝等道士若自受此經下誨人
汝等信吾言也智士若受之矢勤人令知
之若自今以去有受持者全天人護助力士
守門百惡疫氣不橫人也
道言自今以去若有受此神化神呪經四卷
者吾遣十方甲倅切青使者仙人玉女来車

37

五行素何奈何世濁人偏各項化熟誘眾
庄令出三途汝等道士若自受此經下誨人
汝等信吾不虛言也智士若受之矣勸人令知
之若自今以去若有受持者令天人護助力士
者吾遣十方甲倅切青使者仙人玉女赤車
力士帝逐汝汝受經之人不令有惡大災之時龍
興来迎子等耳若受經之者不令枉死若
育重病亦受此經若有宜事齋受此經若无
男女亦受此經若不宜官亦受此經如
藥能治万病汝等道士信經受之若用吾言
吾復何憂之也

道言吾今告下十方鬼年自今日日口有病

此經或條老子化胡經秉来可知余於民國
卅三年夏見此殘涌於魏化兩家中因借来
聯鈔一過以備參考
　　　　　任子宜記

厥今次會置寶地以傾心獻花之勝會者有稟施則我河西郡廣度公地供為國
眾安寧及謂郎君報遐逐之祈施矢伏惟我河西節度使為國
危應邊臺棕氣河原味水出千載燈波統天軍以長征率十道
而開闢不舉禪于樟南畓陳西晉太白昭九姓胡軍獵狁旌邊
逐賢王道移山武署弥封啄而無遺援海美雄斷長蛇而聲爐珊
弓賜後專征伐以加功鄉月迴營駐金門而待詔玖以明珠弓眾
後馬挽寇金歡書策盡慶謝恩道惟郎君千金愛厚訓義
方於近前一嬌情以加下故得桃花初礬杏業茂
成心深淵仰專任法音惟彫戒師慈悲廣說諸井莫然生熊
當墮火坑煞命来生短命報世ᵎ兩目後准复盲勸請道場諸眾

敦研 Dy.t.026 (V)　རིན་ཆེ་ཡེ་ནས་གྲིས་པའི་རྒྱ་ཡིག་གི་ཆོས་གཞུང་།
任子宜抄録經文　（4—3）

眾安寧及謂郎君報遐逐之祈施
危應邊臺棕氣河原味水出千載燈波統天軍以長征率十道
而開闢不舉禪于樟南畓陳西晉太白昭九姓胡軍獵狁旌邊
逐賢王道移山武署弥封啄而無遺援海美雄斷長蛇而聲爐珊
弓賜後專征伐以加功鄉月迴營駐金門而待詔玖以明珠弓眾
後馬挽寇金歡書策盡慶謝恩道惟郎君千金愛厚訓義
方於近前一嬌情以加下故得桃花初礬杏業茂
成心深淵仰專任法音惟彫戒師慈悲廣說諸井莫然生熊

當來墮惡趣不見訶見詐虛言鐵叁釺舌並解釺為利名舉
覺身遍體皆洪爛目何不發菩提心仏子諸井莫邪婬
邪婬顛倒罪根深鐵床交ᵎ未相向銅柱赫ᵎ味相競来復
水草猶恐迷心不覺知是故懺悔一心思惟當来必離波吒苦
即作畜生身披毛戴肖未相報終日驅牽息无有功夫食
菁共斷煞業不潤竹仏子諸井莫偷盜偷盜登得勿措捆少死後
當來墮惡趣

諸井莫沽酒沽酒鎔銅東灌口已下大出炎連天獄卒持
朱新兩手惣為婚庭顛倒人身作身自受仍被驅將
入阿鼻造罪猶如一刹那長入波吒如悶絕連明曉夜下長釘眼ᵎ
中皆泣血罪目罪根心乃被牛頭来拔舌不容乞命暫
分踈獄卒如下哦池仏子諸井莫獻他骸他相將入奈河
刀釼縱横徒後制

敦研 Dy.t.026 (V)　རིན་ཆེ་ཡེ་ནས་གྲིས་པའི་རྒྱ་ཡིག་གི་ཆོས་གཞུང་།
任子宜抄録經文　（4—4）

敦研 Dy.t.027 (R)　ཚེ་དཔག་ཏུ་མྱེད་པ་ཞེས་བྱེ་བ་ཐེག་པ་ཆེན་པོའི་མདོ།

大乘無量壽宗要經　（15—1）

敦研 Dy.t.027 (R)　ཚེ་དཔག་ཏུ་མྱེད་པ་ཞེས་བྱེ་བ་ཐེག་པ་ཆེན་པོའི་མདོ།

大乘無量壽宗要經　（15—2）

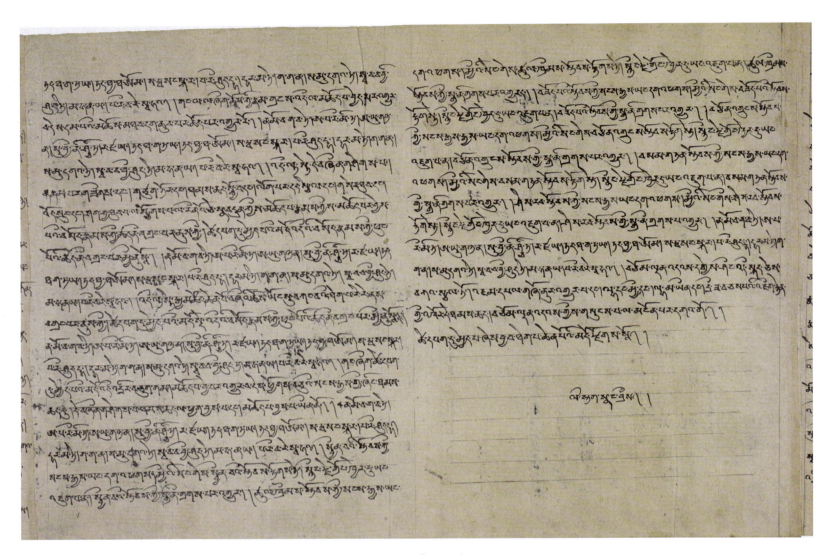

敦研 Dy.t.027 (R)　　ཚེ་དཔག་ཏུ་མྱེད་པ་ཞེས་བྱེ་བ་ཐེག་པ་ཆེན་པོའི་མདོ།
大乘無量壽宗要經　（15—3）

敦研 Dy.t.027 (R)　　ཚེ་དཔག་ཏུ་མྱེད་པ་ཞེས་བྱེ་བ་ཐེག་པ་ཆེན་པོའི་མདོ།
大乘無量壽宗要經　（15—4）

ཚེ་དཔག་དུ་མྱེད་པ་ཞེས་བྱེ་བ་ཐེག་པ་ཆེན་པོའི་མདོ།

敦研 Dy.t.027 (R) ཚེ་དཔག་དུ་མྱེད་པ་ཞེས་བྱེ་བ་ཐེག་པ་ཆེན་པོའི་མདོ།
大乘無量壽宗要經 （15—5）

敦研 Dy.t.027 (R) ཚེ་དཔག་དུ་མྱེད་པ་ཞེས་བྱེ་བ་ཐེག་པ་ཆེན་པོའི་མདོ།
大乘無量壽宗要經 （15—6）

敦研 Dy.t.027 (R)　ཚེ་དཔག་དུ་མྱེད་པ་ཞེས་བྱེ་བ་ཐེག་པ་ཆེན་པོའི་མདོ།
大乘無量壽宗要經 （15—7）

敦研 Dy.t.027 (R)　ཚེ་དཔག་དུ་མྱེད་པ་ཞེས་བྱེ་བ་ཐེག་པ་ཆེན་པོའི་མདོ།
大乘無量壽宗要經 （15—8）

42

敦研 Dy.t.027 (R)　ཚེ་དཔག་དུ་མྱེད་པ་ཞེས་བྱ་བ་ཐེག་པ་ཆེན་པོའི་མདོ།

大乘無量壽宗要經　（15—9）

敦研 Dy.t.027 (R)　ཚེ་དཔག་དུ་མྱེད་པ་ཞེས་བྱ་བ་ཐེག་པ་ཆེན་པོའི་མདོ།

大乘無量壽宗要經　（15—10）

敦研 Dy.t.027 (R)　ཚེ་དཔག་དུ་མྱེད་པ་ཞེས་བྱེ་བ་ཐེག་པ་ཆེན་པོའི་མདོ།
大乘無量壽宗要經　（15—11）

敦研 Dy.t.027 (R)　ཚེ་དཔག་དུ་མྱེད་པ་ཞེས་བྱེ་བ་ཐེག་པ་ཆེན་པོའི་མདོ།
大乘無量壽宗要經　（15—12）

敦研 Dy.t.027 (R)　ཚེ་དཔག་དུ་མྱེད་པ་ཞེས་བྱེ་བ་ཐེག་པ་ཆེན་པོའི་མདོ།
大乘無量壽宗要經　（15—13）

敦研 Dy.t.027 (R)　ཚེ་དཔག་དུ་མྱེད་པ་ཞེས་བྱེ་བ་ཐེག་པ་ཆེན་པོའི་མདོ།
大乘無量壽宗要經　（15—14）

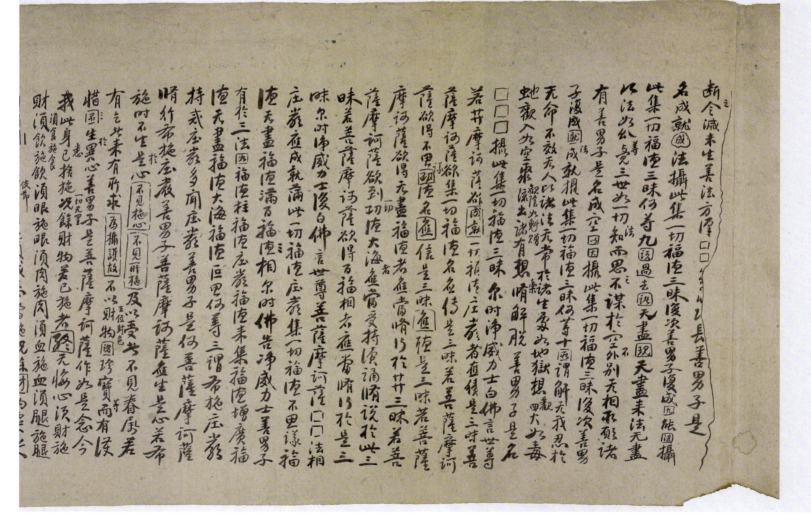

敦研 Dy.t.027 (R)　ཚེ་དཔག་དུ་མྱེད་པ་ཞེས་བྱི་བ་ཐེག་པ་ཆེན་པོའི་མདོ།
大乘無量壽宗要經 （15—15）

敦研 Dy.t.027 (V)　རིན་ཅེ་ཡི་ནས་གྱིས་པའི་རྒྱ་ཡིག་གི་ཆོས་གཞུང་།
任子宜抄錄經文 （12—1）

施時不生瞋心[不見所施]及以受者[不見所施]

有乞者來有所求[為攝護故]

惜[因]生墨心善男子是善薩摩訶薩作如是念今

我此身心善已捨施況餘財物若已施者[終]无悔心[須]財施

志[須]飲食施飲食眼施眼頭施頭肉施肉血施血腿施腿

財[須]飲食施飲食眼施眼頭施頭肉施肉血施血腿施腿

求索之我志當施与无有若有眾生隨

[須][後]音屬无不捨若有眾生隨

為振眾生[振取]眾生乃至成佛終无有盡善男子善

薩不能自觀[因身]我志當施况餘珍寶而有悋

若有善薩存如是心乃至善薩復次善男子善

金銀衣服瓔珞鳥馬車乘國邑城王宮男女妻

[奴婢]眷屬

薩[圆]節施頭頭施頭我志當施況餘粟米

[須][後][区]節施頭頭施頭我志當施況餘粟米

封色行造諸惡不為眷屬...淨汝不為...不為

及男女嫉妬不生...恒知少欲乃至不生[念]

惡心況復多也為斷慳貪不生瞋恚无瞋正

行相惡故到于正家正戒相应故親親善知

識恭敬供養善知識

便謂知眾生根善男子而是善薩摩訶薩行於施庄彩得

已剝知能利益邪道眾生不作眾生恶须善法得...

是功德復次善男子善薩摩訶薩不生於内

分想若地大若外地大若內大若寿无異想何以故是身

猶如墻壁草木瓦石以影无异如实知无現无边无张无眾四大所

計身不爱壽命於諸眾生不起瞋恚使眾生所

振若有所[戲]刀杖瓦石摑打之者終不生報不觀

[晴]慈悲心善男子猶如藥樹若有取根莖葉

葉花髓終不作念取根莖寔菓皆是藥莫取根以

想念处能令滅一切眾生若上中下[所有病患]如是

計身不爱壽命於諸眾生不起瞋恚使眾生所

[晴]慈悲心善男子猶如藥樹及菓不作念取根莖寔菓莫取枝以

葉花髓終不作念取根莖寔菓莫取枝以

想念处能令滅一切眾生若上中下[所有病患]如是

善男子善薩摩訶薩於四大身生藥樹想隨諸眾

生須手与手須脚与脚須眼与眼須肉与肉須

血須骨与骨須腿与腿須頭与頭須枝節以

枝節善男子善薩摩訶薩是心行施庄彩校

无盡善薩摩訶薩眾生具滿福隨貧窮眾生為滿大封邑

施少福眾生具滿福隨貧窮眾生為滿大封邑

若指支節以令眾生具滿封施时為堅眾生淨回向

樂不向癡貪覺善薩提以是布施為滿四淨復次善薩

三寶仔寿三不取大富自在不為自

淨善薩摩訶薩施柱无盡仔等名為善薩施柱善男子

摩訶薩施柱无盡仔等名為善薩施柱善男子

四淨謂淨佛土淨善薩僧淨化眾生淨回向一切智

善薩摩訶薩施有四法[布]施有□□□施知識盡仔等

向无有方便所為下方近惡知識善男子是名善

天畫何等四謂回向善提有巧方便□□□□善薩有四法布施之柱

善知識善男子是名善薩四法施柱而不可盡復次

47

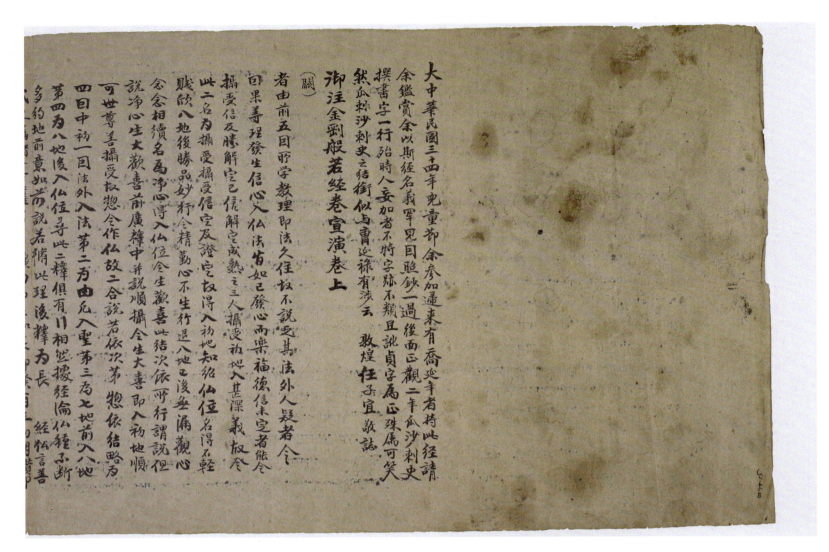

大中華民國三十四年兒童節余參加遠來年者持此經請
余鑑賞余以斯經名義軍見曰䀹鈔一過後面正觀二年瓜沙刺史
撰書字一行殆時人妄加者不特字殊不類且詉貞字屬正殊屬可笑
然瓜沙刺史云結衝似與曹延祿有泆云
御注金剛般若經卷宣演卷上　　　敦煌　任子宜敬誌

（闕）

者由前五曰聆學教理即法久住取不說迹其法外人疑者令
曰果壽理發生信心入佛法肯以已廣心而樂福德信集定者能令
攝受信及隊解定已儻解定成熟之三人攝受初地入其深義取令
此二名爲攝受攝受信定及證定取得入初地知仙位名得不輕
賤欲八地後勝品妙行令精勤心不生行退八地之後坠滿觀心
念念相續名爲淨心得入仙位聆所行謂說但
說淨心生大歡喜蒔廣樺中并說順攝令生大喜即入初地
可世尊善攝受故依次弟二名爲攝受叔惣依結略爲
四曰中初一回法外入法第二方由兄入聖第三方之地前入八地
第四方八地後入仙位寻此二樺俱有川相怒攝経倫仙種不斷
多約地前意如菥說若繍此理後樺爲長　経恍言善

任子宜抄録經文 （12—4）

四曰中初一回法外入法第二方由兄入聖第三方之地前入八地
第四方八地後入仙位寻此二樺俱有川相怒攝経倫仙種不斷
多約地前意如菥說若繍此理後樺爲長　経恍言善
次勒許諒聆宣演正發起此初之中先讚頌卽依此論云以善向敬於
我至鷺諸菩薩石　　演曰弟二如来印發有三初明讚卽
上座演䒑提所應稱善我然應攝善我有其二義（初讚稱德護念
付屬仙德敬卽是即可種性不斷意趣远二所請稱振由敬於
三問攝諸川盡稱火根姓所應希學卽是即可發起川相論
如飢渴所攝持智度論偈云聆许宣瑜伽論　演曰弟二爲聆許宣瑜伽論視
天親釋文殊師利闖發廿托心說論及千如本一至广釋善
顕佛喜之扡也又曰釋云（初善武讚頌廿提知惠甚深釋不壞
假名而設實相次善思念之坂爲三種離三尖老由彼經本云依
主惟約善向老攝本意說以同傑請讚頌仏德以若依智論
真諦扡釋三種德離三道失生功德言三聴老由彼經本云依
云樂德法老聆音爲身掃涤攝持智度論偈云聆许宣瑜伽論
今一心淨像次柔敕後善思念之坂爲三種離三尖老謂散亂
程塲斯到三淨如次程如展善思惟吳繍老如次能生
閼思修〻惠當爲汝說之詞樂歡者喜敬依千地經頌
汝說的爲一切　　経唯延世尊頌樂歡喜欹前
廢起如苟已釋言如是者拍陳挭引我當爲汝此如此委細
宣說　　経唯延世尊頌樂歡喜欹前
唯然若敬說之詞樂歡者喜孕之意依千地経頌
水如飢恩美食如病恩良藥如衆蜂依塞　我尊氣号
顥阘甘露法〻次即筒前二助力三远離四安樂川前
三喻曰後一喻果曰中初即筒前二助力三远離四安樂川前
惠六余初润巧受儻闶受儻闶受樂行故善現六余顣生三惠挭大乘
如法修行远離煩惱如蜜能爲衆屬依善蜂於塞其三惠
嘟所前依廬現法樂受樂行故善現六余顣生三惠挭至降伏其心
果聖所依希聞甘露妙法　　経仏告須善提至降伏其心
寅曰

任子宜抄録經文 （12—5）

48

果聖所作處現法愛味受樂行故善現二於願生三惠却大乘

果是故希聞甘露妙法　　經佛告須菩提至降伏其心

演曰自下第三行明住處應行別明廣分十八文義相攝勒為八種以川就

位略來為三言十八者此等經文即是第一發心住處

謂三問所發行相住處別修川相之所依止處也彼

廬所總名往處應行別廣論云謂彼發起行相所住處也

經復次須菩提芣於法無所住行布施等　第二改雅竟

相應

行住處　　經須菩提於意云何可以身相見如來不也世尊不

　　經須菩提白佛言世尊頗有眾生得聞如是言說章

三欲得色身　句生實信等苐四欲得佛法身弟四住處意

意云何如來得阿耨多羅三藐三菩提耶如來有所說法等五得智

相法身　經云須菩提於意云何若人滿三千大千世界以用布施

是身為大苐八成熟眾　　經云須菩提譬如有人身如須彌山王於意云何

提於意云何微塵是為多等第十色及眾生身持歌中

是沙第九遠離隨順外論故散亂　經須菩提於意云何三千大千世界所有微塵是為多等

何三千大千世界所有微塵是為多等第十色及眾生身持歌中

觀破相應行　　經須菩提於意云何可以卅二相見如來等第十一

第六不離仏出時　　經須菩提於意云何可以卅二相見如來等第十一

七願淨仏土　　經云須菩提若有善男子善女人以恒河沙等身命

供養給侍如來　　經須菩提忍辱波羅密等第十三苦

來以仏智慧悉知是人等第十四離苦果

是當來之世尊善男子善女人發阿耨多羅三藐三菩提心

白仏言世尊善男子善女人發阿耨多羅三藐三菩提心

譬如人身長大等第十七證道　　經須菩提若菩薩作是言我

當疾嚴仏土是不名菩第十六上求仏地住處六具足中國土

於燃燈仏所有法得阿耨多羅三藐三菩提等第十五於證道時遠離喜動

心等第十五於證道時遠離喜動　　經須菩提若菩薩作是言我

淨具足　經如來有肉眼等第二無上見智淨

經如來有肉眼等第二無上見智淨

敦研 Dy.t.027 (V) རིན་ཆེ་ཡི་ནས་བྱིས་པའི་རྒྱ་ཡིག་གི་ཆོས་གཞུང་།
任子宜抄録經文 （12—6）

當疾嚴仏土是不名菩第十八上求仏地住處六具足中國土

淨具足　　經如來有肉眼等第二無上見智淨

提於意云何如來可以具足色身見不等第三隨形好身具足

心具足有六種心一者念處　　經闕此文謂彼非眾生非不眾生

等魏本具有至此當知　　自此以下明

勿謂如來作是念我當所說法等第五語說　經汝

有諸須彌山王如是等第四攝取法身　　經須菩提

菩轉為各町得等第六行住處中第一威儀

　　經須菩提汝若作是念發阿耨多羅三藐三滅等第五

不住生死涅槃中不住涅槃　　經須菩提若菩薩以滿恒河沙等世

布施若有善男子善女人孫菩薩以滿恒河沙等世

受持讀誦為人演說其福勝彼等第三不染行住處不

界七寶布施若復有人知一切法無我等第一威儀

　　經須菩提於意云何若來若坐若臥等第六行住處中

二處三欲住處令前三即　　經若有人言如來若來若坐若臥等第六

色觀破自在　　經須菩提若善男子善女人以三千大千世界

布施即從第五得勝無量乃至四句偈等持用

次餘十二種住處即從第五得勝無量乃至四句偈等

種對除懈等十二種略合為第四離障碍住處謂

科判信行中復分為四即八住中初之四住即初段

略為八種忿得滿足一攝住處二波雅竟淨住處謂

七證道住處六究竟住處即第十七上廣大甚深此二

二即第十八上求仏地七廣大甚深此二

任處是前通義以行就第七上廣大甚深

淨心地即第十七證道住處三如來地即第十八

至即非卅苐芣如是初住問復次須菩提

問須菩提若芣如是初住問復次須菩提

住處皆答三問若天親所釋者往下答徐行

逝至住處統皆名斷疑重淨初義非更若問問日是慈尊造

季師資如何二論互相乖違又復天親所釋云頌是慈尊造

敦研 Dy.t.027 (V) རིན་ཆེ་ཡི་ནས་བྱིས་པའི་རྒྱ་ཡིག་གི་ཆོས་གཞུང་།
任子宜抄録經文 （12—7）

敦研 Dy.t.027 (V)　རིན་ཅེ་ཡི་ནས་བྲིས་པའི་རྒྱ་ཡིག་གི་ཚེས་གཞུང་།
任子宜抄録經文　（12—8）

敦研 Dy.t.027 (V)　རིན་ཅེ་ཡི་ནས་བྲིས་པའི་རྒྱ་ཡིག་གི་ཚེས་གཞུང་།
任子宜抄録經文　（12—9）

溫恕拘舍羅勸助品第四

言說施者謂名教也仏教唯說四五蘊者名為有情能
施設者謂名教也仏教唯說四五蘊者名為有情能設
者仏也正施設體謂名為有情能設
眾生住如来教界趣生等余之中名住施設已意言
為此世尊施設能詮有情之名所施設有情之體皆欲度
之非同度外道所說非有情及諸草木等尒欲令其入涅
槃也依釋魏本思惟可知

御注金剛般若經卷宣演卷上
正觀二年瓜沙刺史　　　　撰書

以上各種字樣悪照原本鈔録亮没更改并且每行字
數一概如舊蓋欲存真面目也卅四年春清明日敦煌任子宜敬誌

兜時弥勒菩薩謂須菩提若有菩薩摩訶薩勸助
為福出人布施持戒自守者上　此舉大意年下章具演
其福轉尊極上　五度上無過善薩摩訶薩勸助福德
須菩提語弥勒菩薩復有菩薩摩訶薩於阿僧
祇刹土諸佛旳而作功徳
不可計佛其取泥洹者　已却泥洹之際為无餘教
乃至无餘泥洹而取泥回者　乃說本發意以来
自致阿耨多羅三耶三菩成至阿惟三佛　佛諸

　仏教唯說四五蘊者名為有情能
常也然復護至乃亏法盡　經法盡於法界教
知无復後至乃亏法盡　於是中旳作功德以者勸助旳
功德度无極　　及諸嚴聞作布施持戒自
守為福於有餘功德自致无餘

任子宜抄録經文　（12—10）

守為福於有餘功德自致无餘
功德度无極　　及諸嚴聞作布施持戒自
常也然復後至乃亏法盡　於是中旳作功德以者勸助旳
知无復後至乃亏法盡　於法界教
至有淨我身　而見佛法極
慧身空分別以脫身脫慧旳見身　定等智
祇刹土諸佛旳而作功德都
佛國宜注諸有段泥洹佛於其中旳作功德都
大哀不可計佛天中天旳說法於其法中復學諸
旳有功德　於諸佛法旣勸他人復自學成
計之合之勸助為尊　諸菩薩意從以来至得佛法盡聞
无數功德雖多　種之徳中為極是上其勸助者是為勸
助　其骸如上一勸　想求非慧持心能住阿
耨多羅三耶三菩乃生作其求作是求得
以是為阿耨多羅三耶三菩　是學佛之法
薩有徳之人　善女人脩善薩意便我得是行
旳有其作恩想者已為无點　想来旳得慧持心能生斯是
意　善業旳新學開思想用思想還信悔還
无點故還隋四顛倒　用思想非但用閒之法
无點故謂有樂譚樂空謂有實　空性為成
尒苦謂有樂　謂有常　常謂尒無
須菩提不當作是心有前来於尒来无常謂有身
阿耨多羅三耶三善　　意感是故悔還
何以故或上能信之能樂上旳行便逄是隋
菩薩不當作是心有前来於尒来信悔還
本无之身以故思想心悔還
薩芸若　　解空永悉者能旳一切智
不恐不师不畏是善薩摩訶薩能為勸助為作
在善师邊者當為是輩善薩摩訶薩說之若久
當為阿惟越致菩薩摩訶薩前說是語
新學本鮮或未聞本行永當為說也　云不當想来然憎
何以故或上能信之能樂上旳行便逄是隋
須菩提不當於新學善薩摩訶薩前說是語
持心住是勸助心亦盡滅无

任子宜抄録經文　（12—11）

51

汝善提不當方新學善薩摩訶薩前說是諸
何以故或上能信二能樂上能行便逮是隋〔新學未解或失 本行來當為說也〕
在善師邊者當為是輩善薩摩訶薩可說聞者〔當為阿惟越致善薩摩訶薩說之若久〕
不恐不怖不畏是善薩摩訶薩能為勸助為作〔解空永恐者能所 勸助成一切智〕
眹有无眹見〔心滅无有 无眹見无眹〕何善心當作阿耨多羅三耶〔无起對心 持心作是勸助心亦盡滅无 滅對心之自然乃能〕
三善者當以何心作之心无兩對三善
有能作釋提洹因語演善提新學善薩摩訶薩〔助者當言何子〕
聞是語是或恐或怖若善薩摩訶薩欲作切德者當
云何勸助其福得作阿耨多羅三耶三善〔无起 新學、勸〕
湏善提語〔語也〕弥勒善薩當作護〔如弥勒此 當為護〕
摩訶薩於諸佛眹破壞衆惡而斷愛行　是善薩

敦研 Dy.t.027 (V)　རིན་ཆེ་ཡི་ནས་བྲིས་པའི་རྒྱ་ཡིག་གི་ཚོས་གཞུང་།
任子宜抄録經文　（12—12）

敦研 Dy.t.028 (R)　ཚེ་དཔག་ཏུ་མྱེད་པ་ཞེས་བྱ་བ་ཐེག་པ་ཆེན་པོའི་མདོ།།
大乘無量壽宗要經　（3—1）

敦研 Dy.t.028 (R) ཚེ་དཔག་དུ་མྱེད་པ་ཞེས་བྱ་བ་ཐེག་པ་ཆེན་པོའི་མདོ།།
大乘無量壽宗要經 （3—2）

敦研 Dy.t.028 (R) ཚེ་དཔག་དུ་མྱེད་པ་ཞེས་བྱ་བ་ཐེག་པ་ཆེན་པོའི་མདོ།།
大乘無量壽宗要經 （3—3）

敦研 Dy.t.028 (V)　རིན་ཆེ་ཡི་ནས་བྱིས་པའི་རྒྱ་ཡིག་གི་ཚོས་གཞུང་།
任子宜抄録經文　（2—1）

敦研 Dy.t.028 (V)　རིན་ཆེ་ཡི་ནས་བྱིས་པའི་རྒྱ་ཡིག་གི་ཚོས་གཞུང་།
任子宜抄録經文　（2—2）

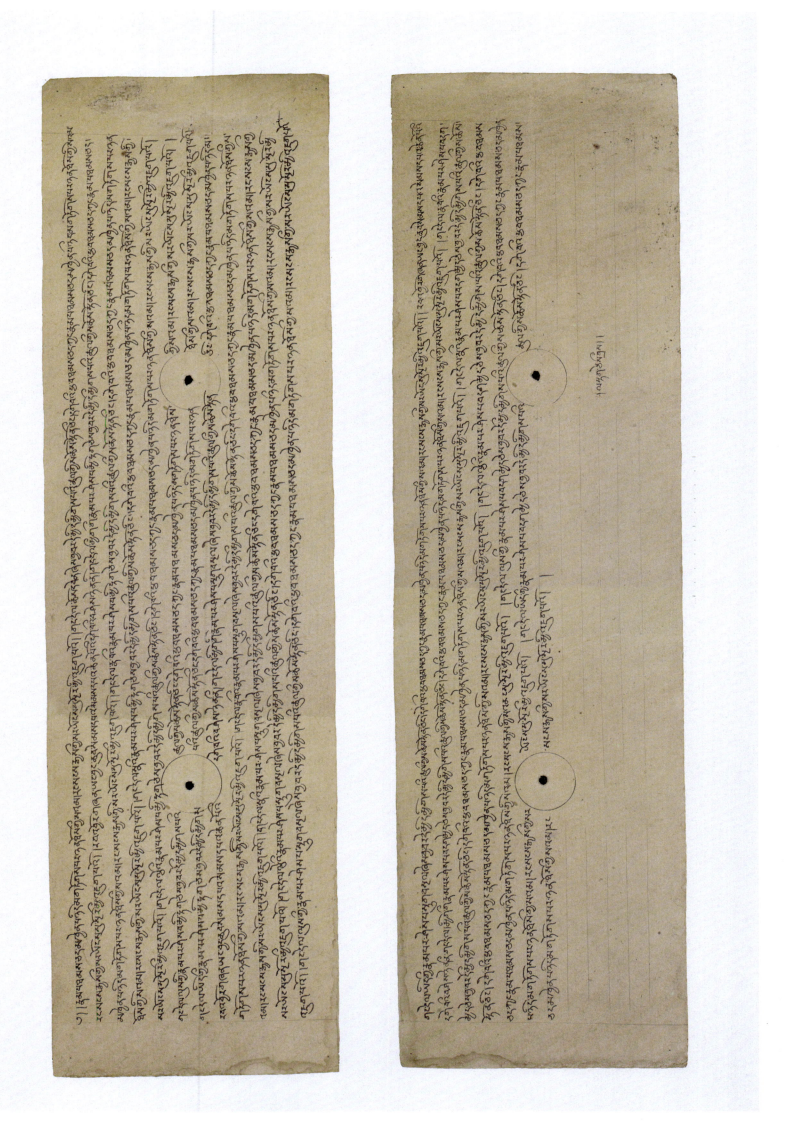

敦研 Dy.t.029 (R-V)　ཤེས་རབ་ཀྱི་ཕ་རོལ་ཏུ་ཕྱིན་པ་སྟོང་ཕྲག་བརྒྱ་པ།
十萬頌般若波羅蜜多經

敦研 Dy.t.030 (R-V) ཤེས་རབ་ཀྱི་ཕ་རོལ་དུ་ཕྱིན་པ་སྟོང་ཕྲག་བརྒྱ་པ་དུམ་བུ་དང་པོ་བམ་པོ་བཞི་བཅུ་གཉིས་དང་བཞི་བཅུ་
གསུམ་མོ།

56 十萬頌般若波羅蜜多經第一卷第四十二、四十三品

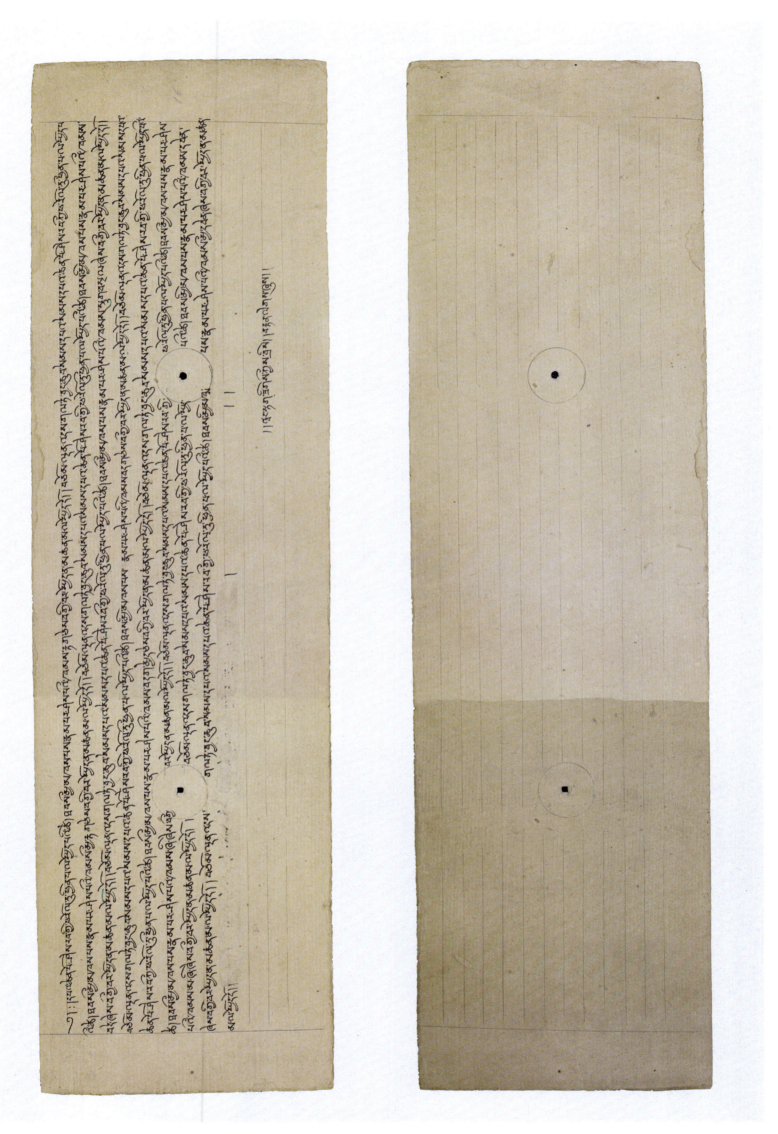

敦研 Dy.t.031 (R-V) ཤེས་རབ་ཀྱི་ཕ་རོལ་ཏུ་ཕྱིན་པ་སྟོང་ཕྲག་བརྒྱ་པ།
十萬頌般若波羅蜜多經

敦研 Dy.t.032 (R-V)　ཤེས་རབ་ཀྱི་ཕ་རོལ་ཏུ་ཕྱིན་པ་སྟོང་ཕྲག་བརྒྱ་པ།

十萬頌般若波羅蜜多經

58

敦研 Dy.t.033 (R-V) ཤེས་རབ་ཀྱི་ཕ་རོལ་དུ་ཕྱིན་པ་སྟོང་ཕྲག་བརྒྱ་བ་དུམ་བུ་དང་པོ་བམ་པོ་ཉི་ཤུ་གསུམ་མོ།
十萬頌般若波羅蜜多經第一卷第二十三品

敦研 Dy.t.034 (R-V)　ཤེས་རབ་ཀྱི་ཕ་རོལ་ཏུ་ཕྱིན་པ་སྟོང་ཕྲག་བརྒྱ་པ་དུམ་བུ་དང་པོ་བམ་པོ་ཉི་ཤུ་གཉིས་སོ།

十萬頌般若波羅蜜多經第一卷第二十二品

60

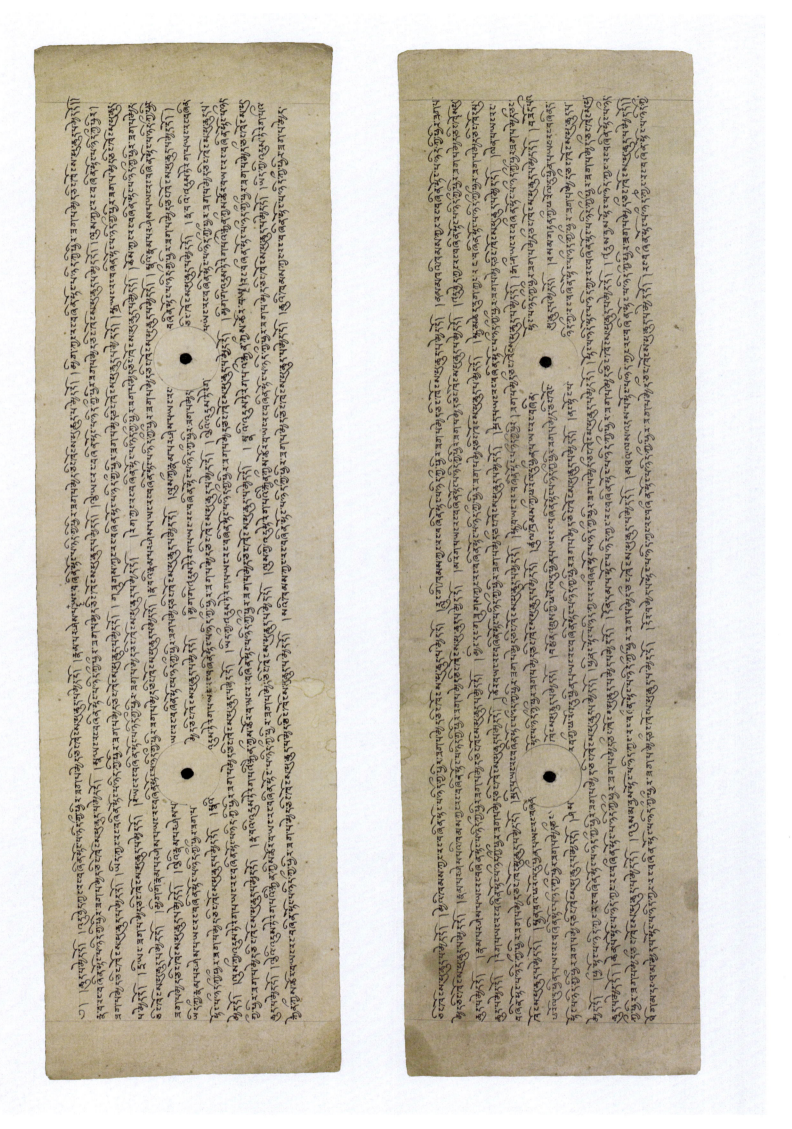

敦研 Dy.t.035 (R-V)　ཤེས་རབ་ཀྱི་ཕ་རོལ་དུ་ཕྱིན་པ་སྟོང་ཕྲག་བརྒྱ་པ།
十萬頌般若波羅蜜多經

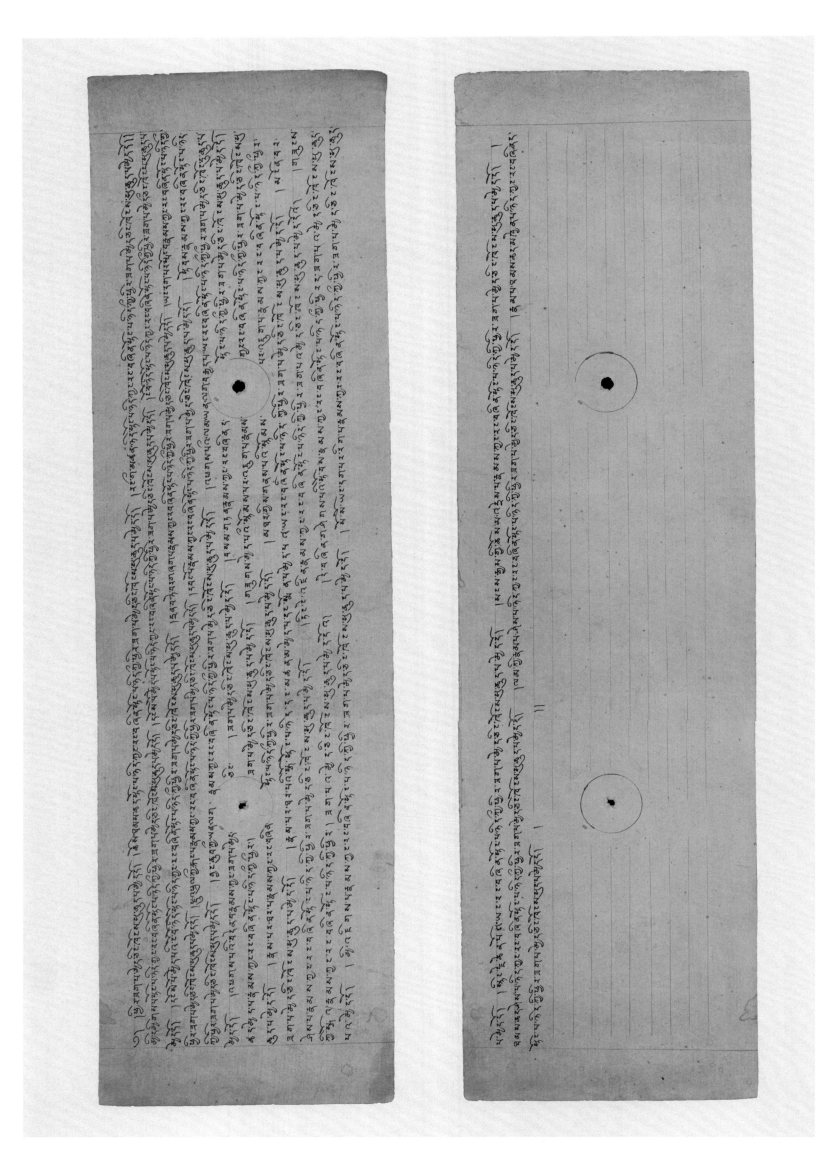

敦研 Dy.t.036 (R-V)　ཤེས་རབ་ཀྱི་ཕ་རོལ་དུ་ཕྱིན་པ་སྟོང་ཕྲག་བརྒྱ་པ།

十萬頌般若波羅蜜多經

62

敦研 Dy.t.037 (R-V)　ཤེས་རབ་ཀྱི་ཕ་རོལ་དུ་ཕྱིན་པ་སྟོང་ཕྲག་བརྒྱ་པ།
十萬頌般若波羅蜜多經

63

敦研 Dy.t.038 (R-V)　ཤེས་རབ་ཀྱི་ཕ་རོལ་དུ་ཕྱིན་པ་སྟོང་ཕྲག་བརྒྱ་པ།
十萬頌般若波羅蜜多經

64

敦研 Dy.t.039 (R-V) ཤེས་རབ་ཀྱི་ཕ་རོལ་ཏུ་ཕྱིན་པ་སྟོང་ཕྲག་བརྒྱ་པ།
十萬頌般若波羅蜜多經

敦研 Dy.t.040 (R-V)　ཤེས་རབ་ཀྱི་ཕ་རོལ་ཏུ་ཕྱིན་པ་སྟོང་ཕྲག་བརྒྱ་པ།

十萬頌般若波羅蜜多經

66

敦研 Dy.t.041 (R-V)　ཤེས་རབ་ཀྱི་ཕ་རོལ་དུ་ཕྱིན་པ་སྟོང་ཕྲག་བརྒྱ་པ།
十萬頌般若波羅蜜多經

敦研 Dy.t.042 (R-V)　ཤེས་རབ་ཀྱི་ཕ་རོལ་ཏུ་ཕྱིན་པ་སྟོང་ཕྲག་བརྒྱ་པ།
十萬頌般若波羅蜜多經

敦研 Dy.t.043 (R-V) ཤེས་རབ་ཀྱི་ཕ་རོལ་ཏུ་ཕྱིན་པ་སྟོང་ཕྲག་བརྒྱ་པ།
十萬頌般若波羅蜜多經

敦研 Dy.t.044 (R-V)　ཤེས་རབ་ཀྱི་ཕ་རོལ་དུ་ཕྱིན་པ་སྟོང་ཕྲག་བརྒྱ་པ།

十萬頌般若波羅蜜多經

70

敦研 Dy.t.045 (R-V)　ཤེས་རབ་ཀྱི་ཕ་རོལ་ཏུ་ཕྱིན་པ་སྟོང་ཕྲག་བརྒྱ་པ།
十萬頌般若波羅蜜多經

敦研 Dy.t.046 (R-V)　ཤེས་རབ་ཀྱི་ཕ་རོལ་ཏུ་ཕྱིན་པ་སྟོང་ཕྲག་བརྒྱ་པ།

十萬頌般若波羅蜜多經

72

敦研 Dy.t.047 (R-V)　ཤེས་རབ་ཀྱི་ཕ་རོལ་ཏུ་ཕྱིན་པ་སྟོང་ཕྲག་བརྒྱ་པ།
十萬頌般若波羅蜜多經

敦研 Dy.t.048 (R-V)　ཤེས་རབ་ཀྱི་ཕ་རོལ་ཏུ་ཕྱིན་པ་སྟོང་ཕྲག་བརྒྱ་པ།
十萬頌般若波羅蜜多經

74

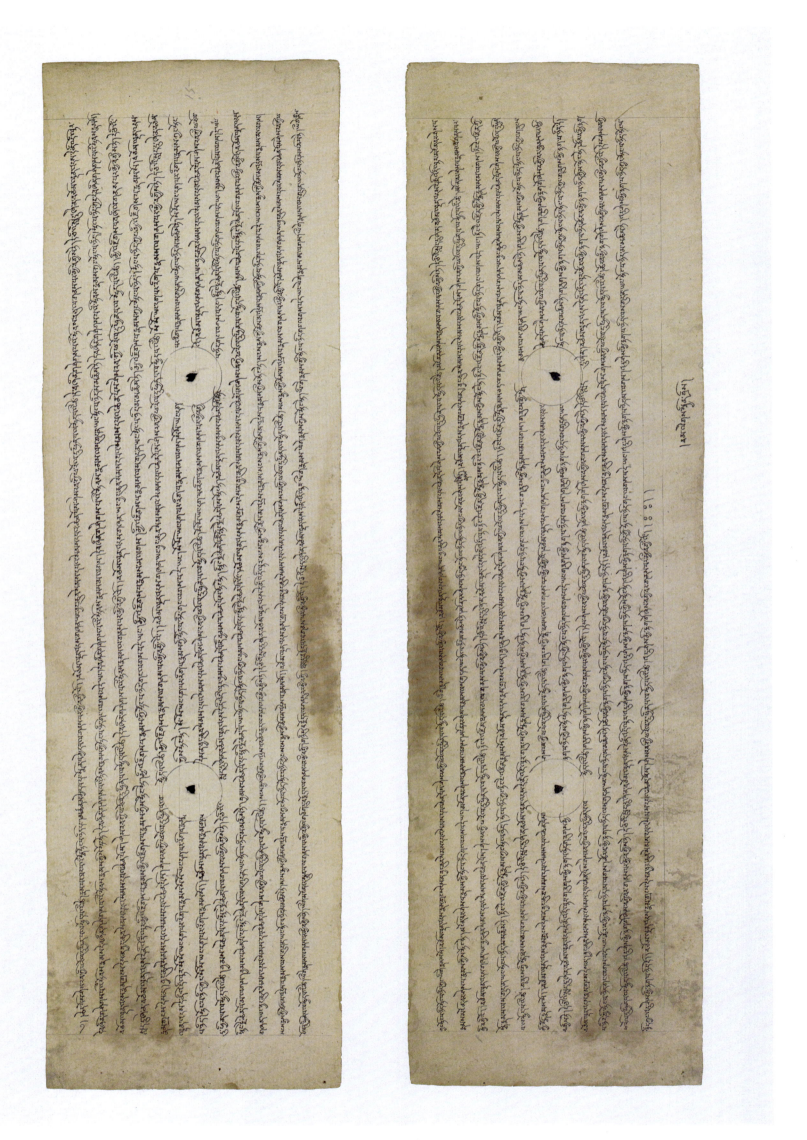

敦研 Dy.t.049 (R-V) ཤེས་རབ་ཀྱི་ཕ་རོལ་ཏུ་ཕྱིན་པ་སྟོང་ཕྲག་བརྒྱ་པ།
十萬頌般若波羅蜜多經

敦研 Dy.t.050 (R-V)　ཤེས་རབ་ཀྱི་ཕ་རོལ་དུ་ཕྱིན་པ་སྟོང་ཕྲག་བརྒྱ་པ།

十萬頌般若波羅蜜多經

敦研 Dy.t.051 (R-V) ཤེས་རབ་ཀྱི་ཕ་རོལ་དུ་ཕྱིན་པ་སྟོང་ཕྲག་བརྒྱ་པ།
十萬頌般若波羅蜜多經

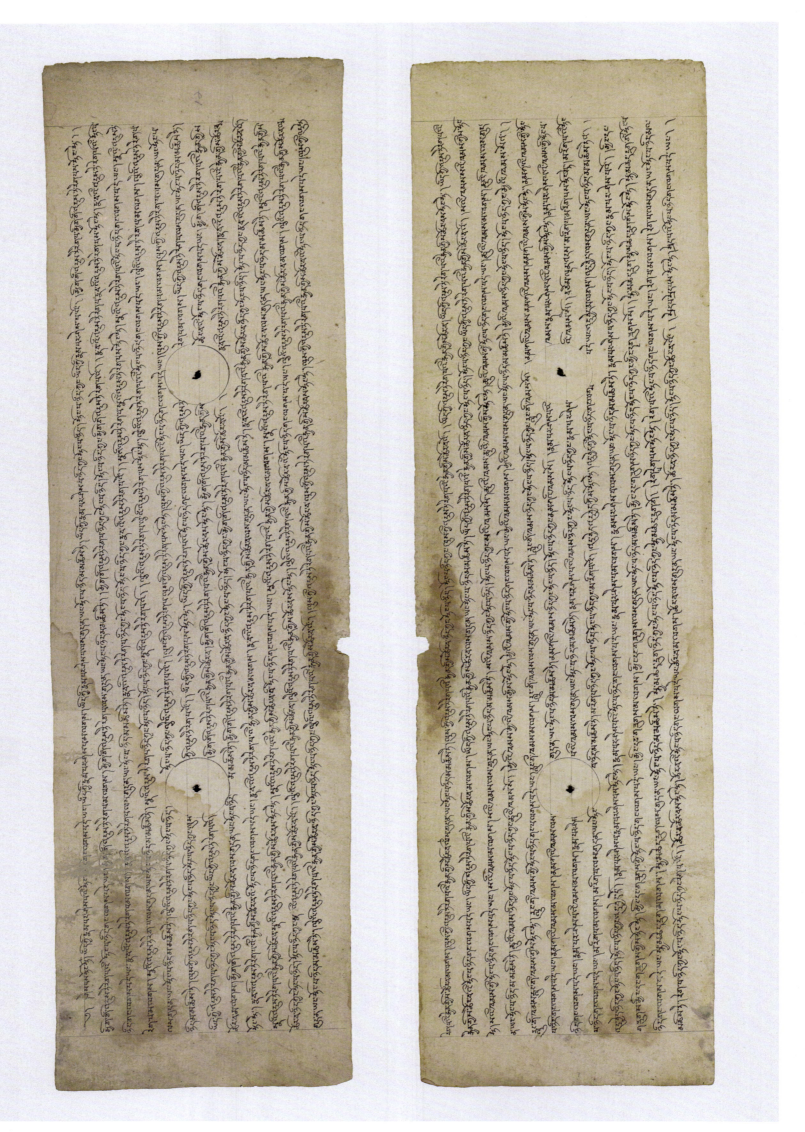

敦研 Dy.t.052 (R-V)　ཤེས་རབ་ཀྱི་ཕ་རོལ་དུ་ཕྱིན་པ་སྟོང་ཕྲག་བརྒྱ་པ།
十萬頌般若波羅蜜多經

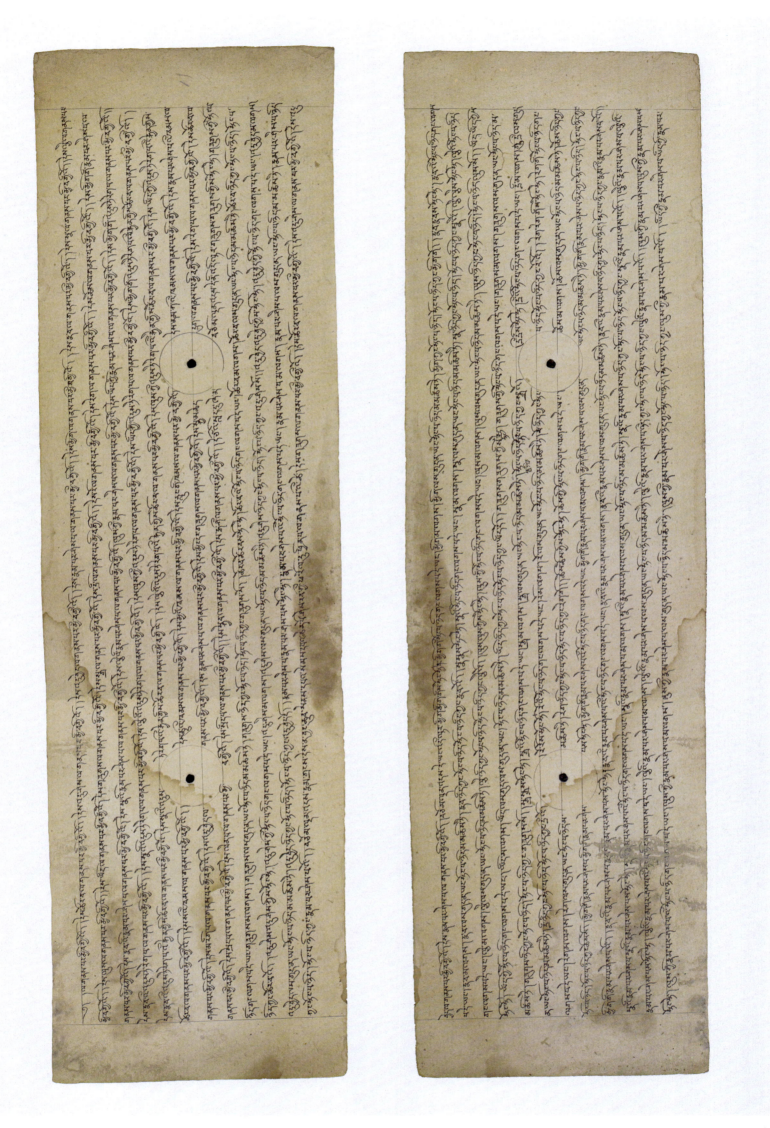

敦研 Dy.t.053 (R-V)　ཤེས་རབ་ཀྱི་ཕ་རོལ་ཏུ་ཕྱིན་པ་སྟོང་ཕྲག་བརྒྱ་པ།
十萬頌般若波羅蜜多經

敦研 Dy.t.054 (R-V) ཤེས་རབ་ཀྱི་ཕ་རོལ་ཏུ་ཕྱིན་པ་སྟོང་ཕྲག་བརྒྱ་པ།

十萬頌般若波羅蜜多經

80

敦研 Dy.t.055 (R-V)　ཤེས་རབ་ཀྱི་ཕ་རོལ་ཏུ་ཕྱིན་པ་སྟོང་ཕྲག་བརྒྱ་པ།
十萬頌般若波羅蜜多經

敦研 Dy.t.056 (R-V)　ཤེས་རབ་ཀྱི་ཕ་རོལ་དུ་ཕྱིན་པ་སྟོང་ཕྲག་བརྒྱ་པ།
十萬頌般若波羅蜜多經

敦研 Dy.t.057 (R-V) ཤེས་རབ་ཀྱི་ཕ་རོལ་དུ་ཕྱིན་པ་སྟོང་ཕྲག་བརྒྱ་པ།
十萬頌般若波羅蜜多經

敦研 Dy.t.058 (R-V)　ཤེས་རབ་ཀྱི་ཕ་རོལ་ཏུ་ཕྱིན་པ་སྟོང་ཕྲག་བརྒྱ་པ།
十萬頌般若波羅蜜多經

84

敦研 Dy.t.059　　ཚེ་དཔག་དུ་མྱེད་པ་ཞེས་བྱ་བ་ཐེག་པ་ཆེན་པོའི་མདོ།

大乘無量壽宗要經　（6—1）

敦研 Dy.t.059　　ཚེ་དཔག་དུ་མྱེད་པ་ཞེས་བྱ་བ་ཐེག་པ་ཆེན་པོའི་མདོ།

大乘無量壽宗要經　（6—2）

敦研 Dy.t.059　ཚེ་དཔག་ཏུ་མྱེད་པ་ཞེས་བྱ་བ་ཐེག་པ་ཆེན་པོའི་མདོ།
大乘無量壽宗要經 （6—3）

敦研 Dy.t.059　ཚེ་དཔག་ཏུ་མྱེད་པ་ཞེས་བྱ་བ་ཐེག་པ་ཆེན་མདོ།
大乘無量壽宗要經 （6—4）

敦研 Dy.t.059　ཚེ་དཔག་དུ་མྱེད་པ་ཞེས་བྱ་བ་ཐེག་པ་ཆེན་མདོ།

大乘無量壽宗要經　（6—5）

敦研 Dy.t.059　ཚེ་དཔག་དུ་མྱེད་པ་ཞེས་བྱ་བ་ཐེག་པ་ཆེན་མདོ།

大乘無量壽宗要經　（6—6）

敦研 Dy.t.060　ཚེ་དཔག་དུ་མྱེད་པ་ཞེས་བྱ་བ་ཐེག་པ་ཆེན་པོའི་མདོ།།
大乘無量壽宗要經　（5—1）

敦研 Dy.t.060　ཚེ་དཔག་དུ་མྱེད་པ་ཞེས་བྱ་བ་ཐེག་པ་ཆེན་པོའི་མདོ།།
大乘無量壽宗要經　（5—2）

敦研 Dy.t.060　ཚེ་དཔག་ཏུ་མྱེད་པ་ཞེས་བྱ་བ་ཐེག་པ་ཆེན་པོའི་མདོ།
大乘無量壽宗要經 （5—3）

敦研 Dy.t.060　ཚེ་དཔག་ཏུ་མྱེད་པ་ཞེས་བྱ་བ་ཐེག་པ་ཆེན་པོའི་མདོ།
大乘無量壽宗要經 （5—4）

敦研 Dy.t.060　ཚེ་དཔག་དུ་མྱེད་པ་ཞེས་བྱ་བ་ཐེག་པ་ཆེན་པོའི་མདོ།
大乘無量壽宗要經　（5—5）

敦研 Dy.t.061　ཚེ་དཔག་དུ་མྱེད་པ་ཞེས་བྱ་བ་ཐེག་པ་ཆེན་པོའི་མདོ།།
大乘無量壽宗要經　（8—1）

敦研 Dy.t.061　　ཚེ་དཔག་ཏུ་མྱེད་པ་ཞེས་བྱ་བ་ཐེག་པ་ཆེན་པོའི་མདོ།།
大乘無量壽宗要經 （8—2）

敦研 Dy.t.061　　ཚེ་དཔག་ཏུ་མྱེད་པ་ཞེས་བྱ་བ་ཐེག་པ་ཆེན་པོའི་མདོ།།
大乘無量壽宗要經 （8—3）

敦研 Dy.t.061　ཚེ་དཔག་དུ་མྱེད་པ་ཞེས་བྱ་བ་ཐེག་པ་ཆེན་པོའི་མདོ།།
大乘無量壽宗要經 （8—4）

敦研 Dy.t.061　ཚེ་དཔག་དུ་མྱེད་པ་ཞེས་བྱ་བ་ཐེག་པ་ཆེན་པོའི་མདོ།།
大乘無量壽宗要經 （8—5）

敦研 Dy.t.061　ཚེ་དཔག་དུ་མྱེད་པ་ཞེས་བྱ་བ་ཐེག་པ་ཆེན་པོའི་མདོ།།

大乘無量壽宗要經 （8—6）

敦研 Dy.t.061　ཚེ་དཔག་དུ་མྱེད་པ་ཞེས་བྱ་བ་ཐེག་པ་ཆེན་པོའི་མདོ།།

大乘無量壽宗要經 （8—7）

敦研 Dy.t.061　　ཚེ་དཔག་ཏུ་མྱེད་པ་ཞེས་བྱ་བ་ཐེག་པ་ཆེན་པོའི་མདོ།།
大乘無量壽宗要經 （8—8）

敦研 Dy.t.062　　ཚེ་དཔག་ཏུ་མྱེད་པའ་ཞེས་བྱ་བ་ཐེག་པ་ཆེན་པོའི་མདོ།།
大乘無量壽宗要經 （4—1）

敦研 Dy.t.062　ཚེ་དཔག་དུ་མྱེད་པའ་ཞེས་བྱ་བ་ཐེག་པ་ཆེན་པོའི་མདོ༎
大乘無量壽宗要經　（4—2）

敦研 Dy.t.062　ཚེ་དཔག་དུ་མྱེད་པའ་ཞེས་བྱ་བ་ཐེག་པ་ཆེན་པོའི་མདོ༎
大乘無量壽宗要經　（4—3）

敦研 Dy.t.062　ཚེ་དཔག་དུ་མྱེད་པའ་ཞེས་བྱ་བ་ཐེག་པ་ཆེན་པོའི་མདོ།།
大乘無量壽宗要經 （4—4）

敦研 Dy.t.063　ཚེ་དཔག་དུ་མྱེད་པ་ཞེས་བྱ་བ་ཐེག་པ་ཆེན་པོའི་མདོ།།
大乘無量壽宗要經 （9—1）

敦研 Dy.t.063　ཚེ་དཔག་དུ་མྱེད་པ་ཞེས་བྱ་བ་ཐེག་པ་ཆེན་པོའི་མདོ།།
大乘無量壽宗要經　（9—2）

敦研 Dy.t.063　ཚེ་དཔག་དུ་མྱེད་པ་ཞེས་བྱ་བ་ཐེག་པ་ཆེན་པོའི་མདོ།།
大乘無量壽宗要經　（9—3）

敦研 Dy.t.063　　ཚེ་དཔག་དུ་མྱེད་པ་ཞེས་བྱ་བ་ཐེག་པ་ཆེན་པོའི་མདོ།།
　　　　　　　　大乘無量壽宗要經　（9—4）

敦研 Dy.t.063　　ཚེ་དཔག་དུ་མྱེད་པ་ཞེས་བྱ་བ་ཐེག་པ་ཆེན་པོའི་མདོ།།
　　　　　　　　大乘無量壽宗要經　（9—5）

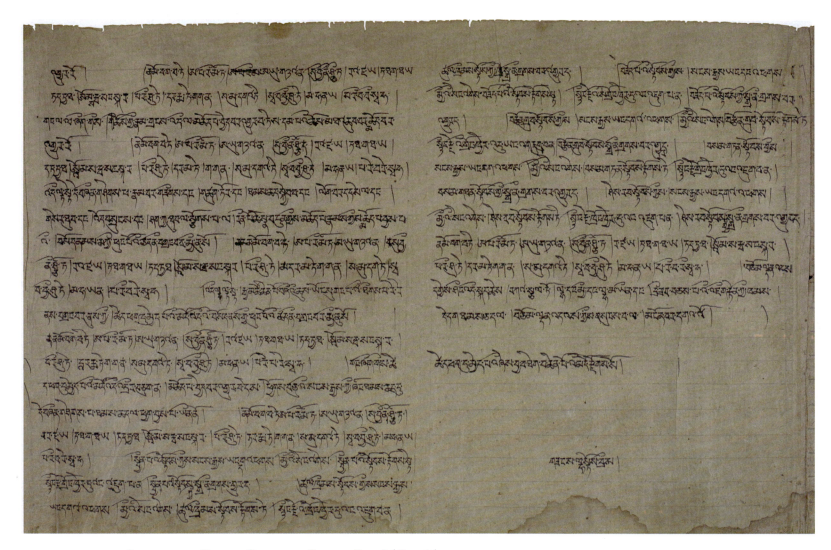

敦研 Dy.t.063　ཚེ་དཔག་དུ་མྱེད་པ་ཞེས་བྱ་བ་ཐེག་པ་ཆེན་པོའི་མདོ།།
大乘無量壽宗要經 （9—6）

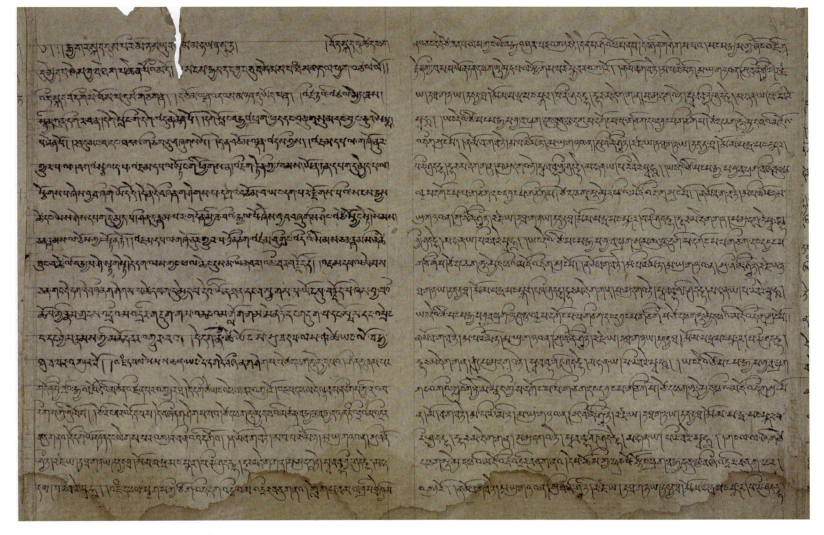

敦研 Dy.t.063　ཚེ་དཔག་དུ་མྱེད་པ་ཞེས་བྱ་བ་ཐེག་པ་ཆེན་པོའི་མདོ།།
大乘無量壽宗要經 （9—7）

敦研 Dy.t.063　ཚེ་དཔག་དུ་མྱེད་པ་ཞེས་བྱ་བ་ཐེག་པ་ཆེན་པོའི་མདོ།།
大乘無量壽宗要經　（9—8）

敦研 Dy.t.063　ཚེ་དཔག་དུ་མྱེད་པ་ཞེས་བྱ་བ་ཐེག་པ་ཆེན་པོའི་མདོ།།
大乘無量壽宗要經　（9—9）

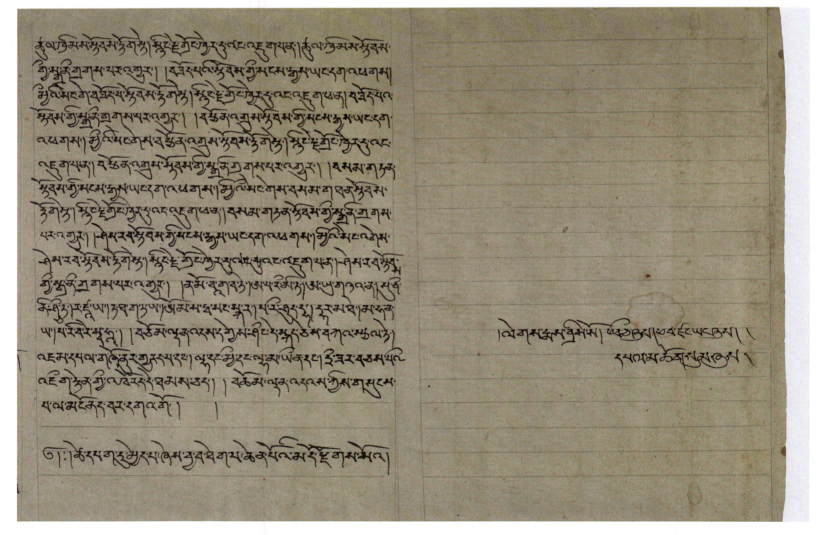

敦研 Dy.t.064　ཚེ་དཔག་དུ་མྱེད་པ་ཞེས་བྱ་བ་ཐེག་པ་ཆེན་པོའི་མདོ།།
　　　　　　　大乘無量壽宗要經 （4—3）

敦研 Dy.t.064　ཚེ་དཔག་དུ་མྱེད་པ་ཞེས་བྱ་བ་ཐེག་པ་ཆེན་པོའི་མདོ།།
　　　　　　　大乘無量壽宗要經 （4—4）

敦研 Dy.t.065　ཚེ་དཔག་དུ་མྱེད་པ་ཞེས་བྱ་བ་ཐེག་པ་ཆེན་པོའི་མདོ།།
大乘無量壽宗要經　（3—1）

敦研 Dy.t.065　ཚེ་དཔག་དུ་མྱེད་པ་ཞེས་བྱ་བ་ཐེག་པ་ཆེན་པོའི་མདོ།།
大乘無量壽宗要經　（3—2）

敦研 Dy.t.065　　ཚེ་དཔག་ཏུ་མྱེད་པ་ཞེས་བྱ་བ་ཐེག་པ་ཆེན་པོའི་མདོ།།

大乘無量壽宗要經 （3—3）

敦研 Dy.t.066　　ཚེ་དཔག་ཏུ་མྱེད་པ་ཞེས་བྱ་བ་ཞིག་ཡིན་པོའི་མདོ།

大乘無量壽宗要經 （4—1）

敦研 Dy.t.066　ཚེ་དཔག་དུ་མྱེད་པ་ཞེས་བྱ་བ་ཐེག་པ་ཆེན་པོའི་མདོ།
大乘無量壽宗要經 （4—2）

敦研 Dy.t.066　ཚེ་དཔག་དུ་མྱེད་པ་ཞེས་བྱ་བ་ཐེག་པ་ཆེན་པོའི་མདོ།
大乘無量壽宗要經 （4—3）

敦研 Dy.t.066　ཚེ་དཔག་ཏུ་མྱེད་པ་ཞེས་བྱ་བ་ཐེག་པ་ཆེན་པོའི་མདོ།
大乘無量壽宗要經　（4—4）

敦研 Dy.t.067　ཚེ་དཔག་ཏུ་མྱེད་པ་ཞེས་བྱ་བ་ཐེག་པ་ཆེན་པོའི་མདོ།།
大乘無量壽宗要經　（6—1）

敦研 Dy.t.067　ཚེ་དཔག་ཏུ་མྱེད་པ་ཞེས་བྱ་བ་ཐེག་པ་ཆེན་པོའི་མདོ།།
大乘無量壽宗要經 （6—2）

敦研 Dy.t.067　ཚེ་དཔག་ཏུ་མྱེད་པ་ཞེས་བྱ་བ་ཐེག་པ་ཆེན་པོའི་མདོ།།
大乘無量壽宗要經 （6—3）

敦研 Dy.t.067　ཚེ་དཔག་ཏུ་མྱེད་པ་ཞེས་བྱ་བ་ཐེག་པ་ཆེན་པོའི་མདོ།

大乘無量壽宗要經　（6—4）

敦研 Dy.t.067　ཚེ་དཔག་ཏུ་མྱེད་པ་ཞེས་བྱ་བ་ཐེག་པ་ཆེན་པོའི་མདོ།

大乘無量壽宗要經　（6—5）

敦研 Dy.t.067　ཚེ་དཔག་ཏུ་མྱེད་པ་ཞེས་བྱ་བ་ཐེག་པ་ཆེན་པོའི་མདོ།
大乘無量壽宗要經 （6—6）

敦研 Dy.t.068　ཚེ་དཔག་ཏུ་མྱེད་པ་ཞེས་བྱ་བ་ཐེག་པ་ཆེན་པོའི་མདོ།།
大乘無量壽宗要經 （3—1）

敦研 Dy.t.068　ཚེ་དཔག་དུ་མྱེད་པ་ཞེས་བྱ་བ་ཐེག་པ་ཆེན་པོའི་མདོ།།

大乘無量壽宗要經 （3—2）

敦研 Dy.t.068　ཚེ་དཔག་དུ་མྱེད་པ་ཞེས་བྱ་བ་ཐེག་པ་ཆེན་པོའི་མདོ།།

大乘無量壽宗要經 （3—3）

敦研 Dy.t.069　ཚེ་དཔག་དུ་མྱེད་པ་ཞེས་བྱ་བ་ཐེག་པ་ཆེན་པོའི་མདོ།།

大乘無量壽宗要經　（9—1）

敦研 Dy.t.069　ཚེ་དཔག་དུ་མྱེད་པ་ཞེས་བྱ་བ་ཐེག་པ་ཆེན་པོའི་མདོ།།

大乘無量壽宗要經　（9—2）

敦研 Dy.t.069　ཚེ་དཔག་ཏུ་མྱེད་པ་ཞེས་བྱ་བ་ཐེག་པ་ཆེན་པོའི་མདོ།།
大乘無量壽宗要經 （9—3）

敦研 Dy.t.069　ཚེ་དཔག་ཏུ་མྱེད་པ་ཞེས་བྱ་བ་ཐེག་པ་ཆེན་པོའི་མདོ།
大乘無量壽宗要經 （9—4）

敦研 Dy.t.069　　ཚེ་དཔག་དུ་མྱེད་པ་ཞེས་བྱ་བ་ཐེག་པ་ཆེན་པོའི་མདོ།
大乘無量壽宗要經　（9—5）

敦研 Dy.t.069　　ཚེ་དཔག་དུ་མྱེད་པ་ཞེས་བྱ་བ་ཐེག་པ་ཆེན་པོའི་མདོ།
大乘無量壽宗要經　（9—6）

敦研 Dy.t.069　　ཚེ་དཔག་དུ་མྱེད་པ་ཞེས་བྱ་བ་ཐེག་པ་ཆེན་པོའི་མདོ།
大乘無量壽宗要經　（9—7）

敦研 Dy.t.069　　ཚེ་དཔག་དུ་མྱེད་པ་ཞེས་བྱ་བ་ཐེག་པ་ཆེན་པོའི་མདོ།
大乘無量壽宗要經　（9—8）

敦研 Dy.t.069　　ཚེ་དཔག་དུ་མྱེད་པ་ཞེས་བྱ་བ་ཐེག་པ་ཆེན་པོའི་མདོ།
大乘無量壽宗要經　（9—9）

敦研 Dy.t.070　　ཚེ་དཔག་དུ་མྱེད་པ་ཞེས་བྱ་བ་ཐེག་པ་ཆེན་པོའི་མདོ།།
大乘無量壽宗要經　（3—1）

敦研 Dy.t.070　ཚེ་དཔག་ཏུ་མྱེད་པ་ཞེས་བྱ་བ་ཐེག་པ་ཆེན་པོའི་མདོ།།
大乘無量壽宗要經 （3—2）

敦研 Dy.t.070　ཚེ་དཔག་ཏུ་མྱེད་པ་ཞེས་བྱ་བ་ཐེག་པ་ཆེན་པོའི་མདོ།།
大乘無量壽宗要經 （3—3）

敦研 Dy.t.071　ཚེ་དཔག་དུ་མྱེད་པ་ཞེས་བྱ་བ་ཐེག་པ་ཆེད་པོའི་མདོ༎
大乘無量壽宗要經　（3—1）

敦研 Dy.t.071　ཚེ་དཔག་དུ་མྱེད་པ་ཞེས་བྱ་བ་ཐེག་པ་ཆེད་པོའི་མདོ༎
大乘無量壽宗要經　（3—2）

敦研 Dy.t.071　ཚེ་དཔག་དུ་མྱེད་པ་ཞེས་བྱ་བ་ཐེག་པ་ཆེན་པོའི་མདོ།།
大乘無量壽宗要經　（3—3）

敦研 Dy.t.072　ཚེ་དཔག་དུ་མྱེད་པ་ཞེས་བྱ་བ་ཐེག་པ་ཆེན་པོའི་མདོ།།
大乘無量壽宗要經　（4—1）

敦研 Dy.t.072　ཚེ་དཔག་ཏུ་མྱེད་པ་ཞེས་བྱ་བ་ཐེག་པ་ཆེན་པོའི་མདོ།།
大乘無量壽宗要經　（4—2）

敦研 Dy.t.072　ཚེ་དཔག་ཏུ་མྱེད་པ་ཞེས་བྱ་བ་ཐེག་པ་ཆེན་པོའི་མདོ།།
大乘無量壽宗要經　（4—3）

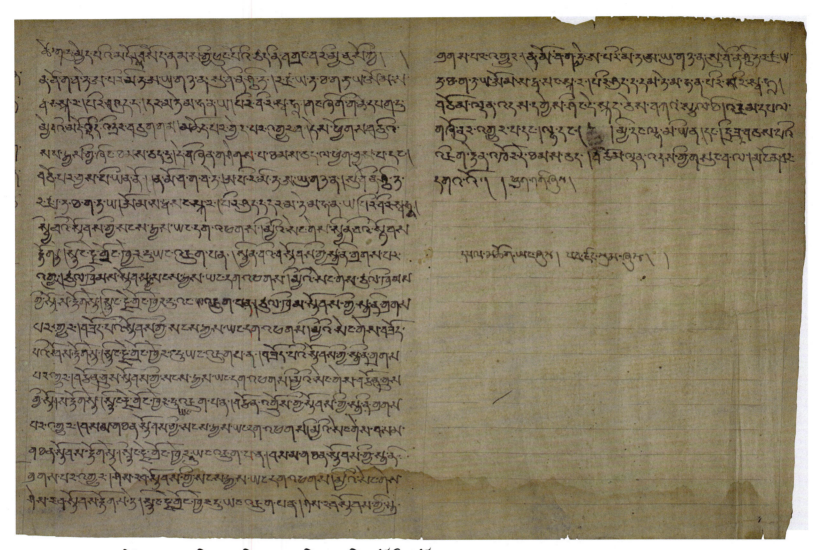

敦研 Dy.t.072　ཚེ་དཔག་ཏུ་མྱེད་པ་ཞེས་བྱ་བ་ཐེག་པ་ཆེན་པོའི་མདོ།།
大乘無量壽宗要經　（4—4）

敦研 Dy.t.073　ཚེ་དཔག་ཏུ་མྱེད་པ་ཞེས་བྱ་བ། ཐེག་པ་ཆེན་པོའི་མདོ།།
大乘無量壽宗要經　（4—1）

敦研 Dy.t.073　ཚེ་དཔག་དུ་མྱེད་པ་ཞེས་བྱ་བ། ཐེག་པ་ཆེན་པོའི་མདོ།།
大乘無量壽宗要經　（4—2）

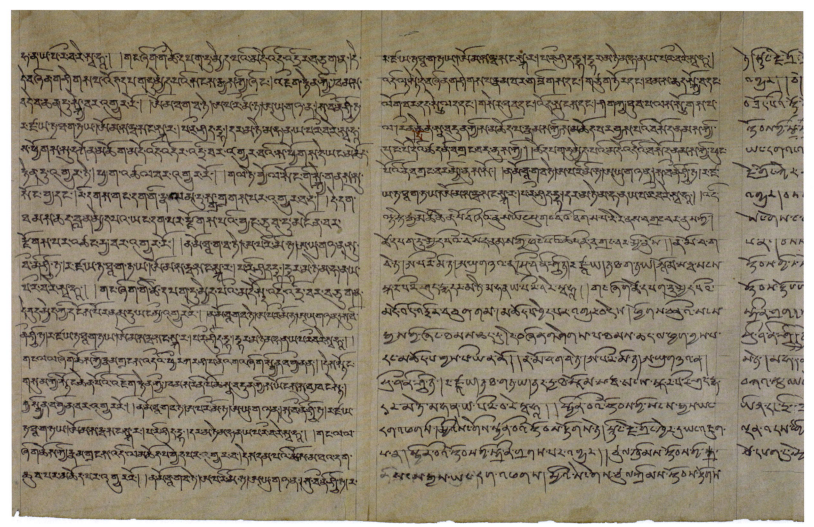

敦研 Dy.t.073　ཚེ་དཔག་དུ་མྱེད་པ་ཞེས་བྱ་བ། ཐེག་པ་ཆེན་པོའི་མདོ།།
大乘無量壽宗要經　（4—3）

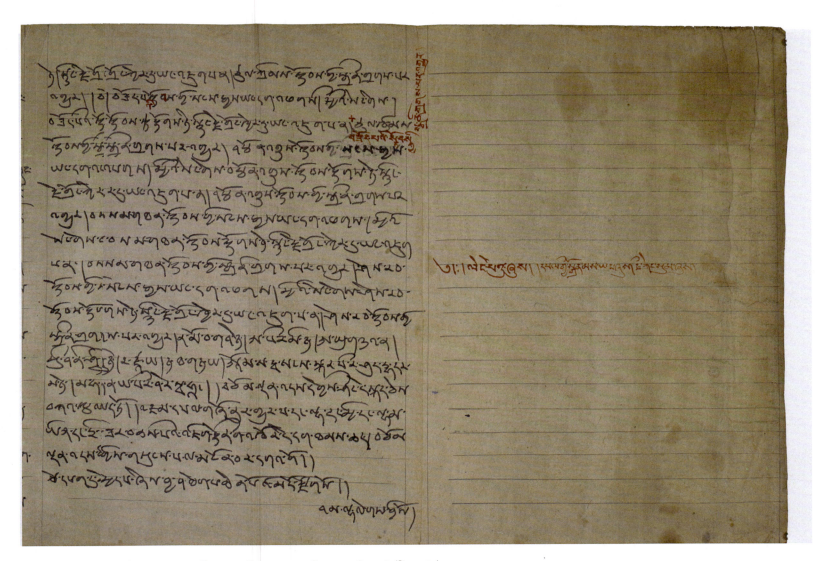

敦研 Dy.t.073　ཚེ་དཔག་དུ་མྱེད་པ་ཞེས་བྱ་བ།　ཐེག་པ་ཆེན་པོའི་མདོ།།
大乘無量壽宗要經　（4—4）

敦研 Dy.t.074　ཚེ་དཔག་དུ་མྱེད་པའི་ཞེས་བྱ་བ་ཐེག་པ་ཆེན་པོའི་མདོ།།
大乘無量壽宗要經　（3—1）

敦研 Dy.t.074　ཚེ་དཔག་དུ་མྱེད་པ་ཞེས་བྱ་བ། ཐེག་པ་ཆེན་པོའི་མདོ།།
大乘無量壽宗要經　（3—2）

敦研 Dy.t.074　ཚེ་དཔག་དུ་མྱེད་པ་ཞེས་བྱ་བ། ཐེག་པ་ཆེན་པོའི་མདོ།།
大乘無量壽宗要經　（3—3）

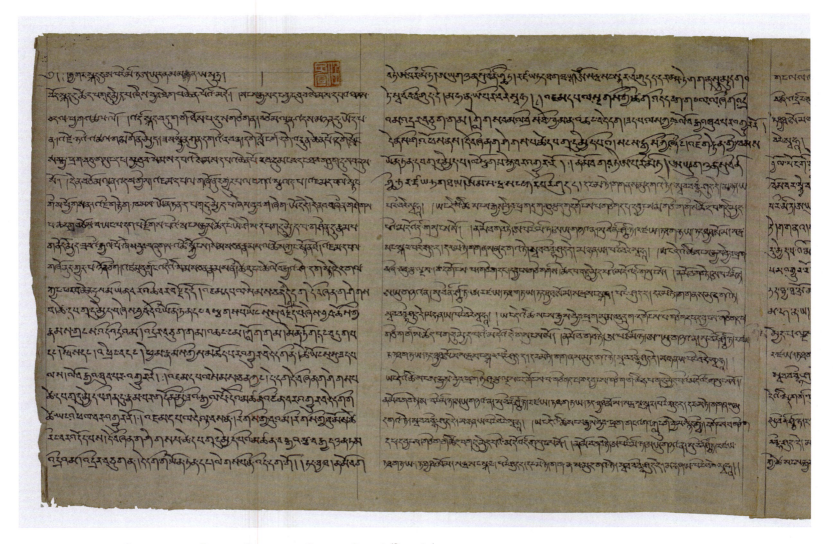

敦研 Dy.t.075　ཚེ་དཔག་དུ་མྱེད་པ་ཞེས་བྱ་བ་ཐེག་པ་ཆེན་པོའི་མདོ།།
大乘無量壽宗要經　（15—1）

敦研 Dy.t.075　ཚེ་དཔག་དུ་མྱེད་པ་ཞེས་བྱ་བ་ཐེག་པ་ཆེན་པོའི་མདོ།།
大乘無量壽宗要經　（15—2）

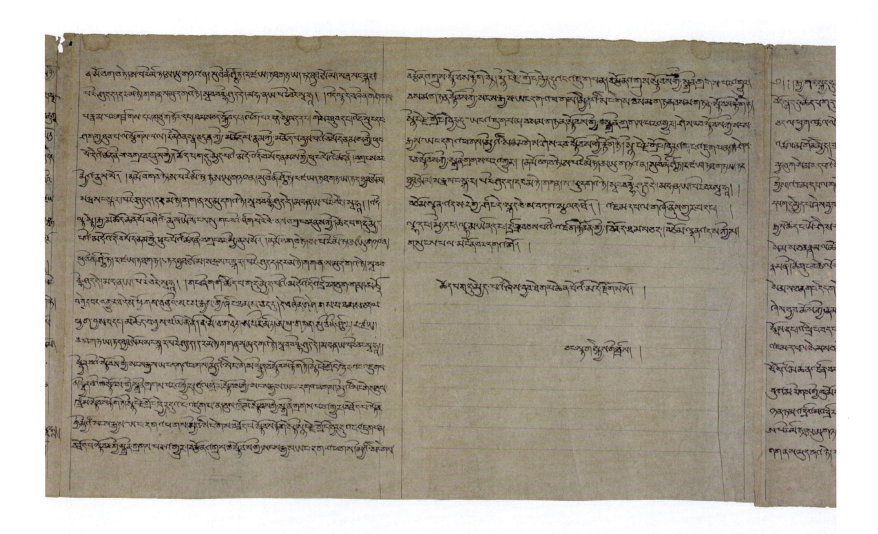

敦研 Dy.t.075　ཚེ་དཔག་དུ་མྱེད་པ་ཞེས་བྱ་བ་ཐེག་པ་ཆེན་པོའི་མདོ།།
大乘無量壽宗要經 （15—3）

敦研 Dy.t.075　ཚེ་དཔག་དུ་མྱེད་པའི་ཞེས་བྱ་བ་ཐེག་པ་ཆེན་པོའི་མདོ།།
大乘無量壽宗要經 （15—4）

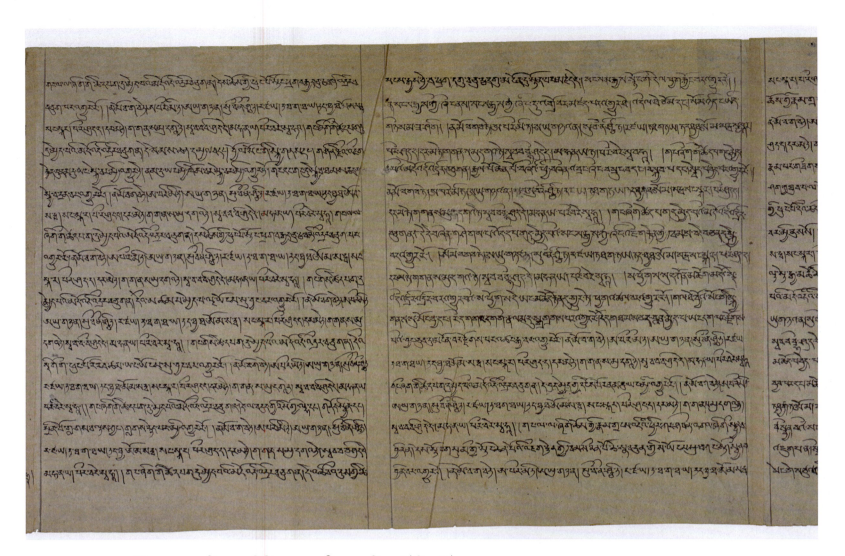

敦研 Dy.t.075　ཚེ་དཔག་དུ་མྱེད་པའི་ཞེས་བྱ་བ་ཐེག་པ་ཆེན་པོའི་མདོ།།
大乘無量壽宗要經　（15—5）

敦研 Dy.t.075　ཚེ་དཔག་དུ་མྱེད་པའི་ཞེས་བྱ་བ་ཐེག་པ་ཆེན་པོའི་མདོ།།
大乘無量壽宗要經　（15—6）

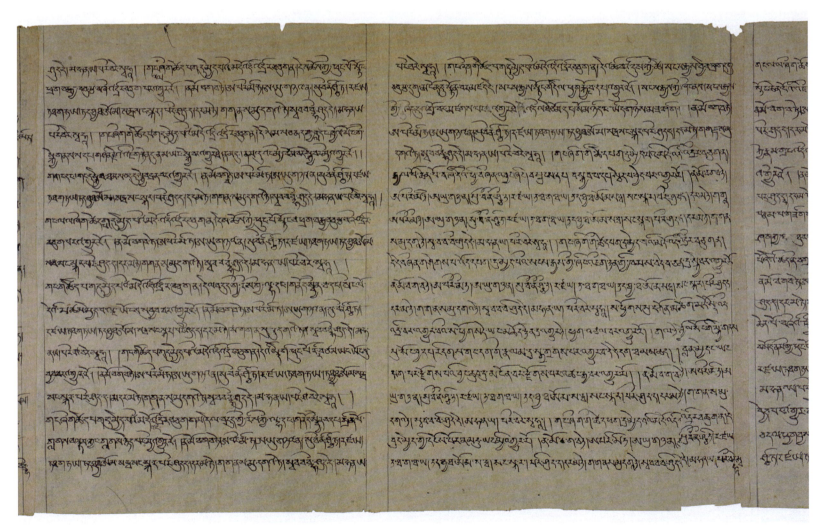

敦研 Dy.t.075　　ཚེ་དཔག་དུ་མྱེད་པ་ཞེས་བྱ་བ་ཐེག་པ་ཆེན་པོའི་མདོ།།
大乘無量壽宗要經　（15—7）

敦研 Dy.t.075　　ཚེ་དཔག་དུ་མྱེད་པ་ཞེས་བྱ་བ་ཐེག་པ་ཆེན་པོའི་མདོ།།
大乘無量壽宗要經　（15—8）

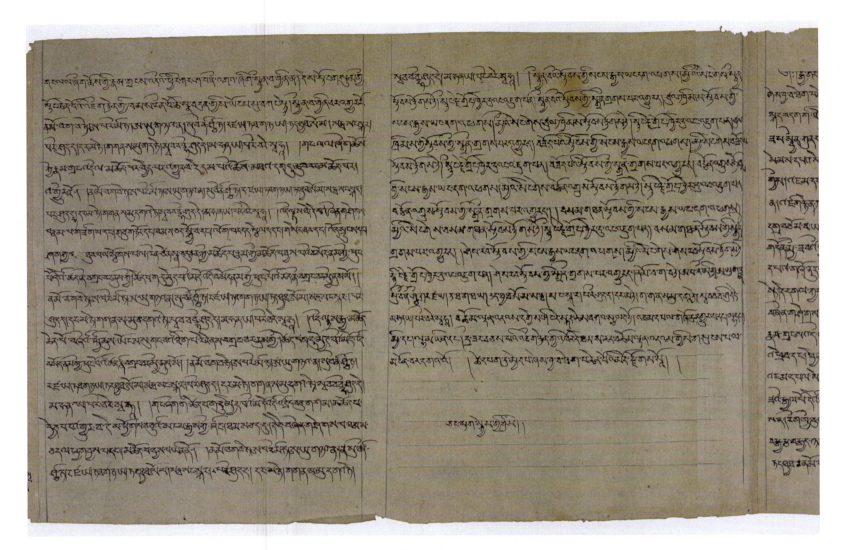

敦研 Dy.t.075 ཚེ་དཔག་དུ་མྱེད་པ་ཞེས་བྱ་བ་ཐེག་པ་ཆེན་པོའི་མདོ།།
大乘無量壽宗要經 （15—9）

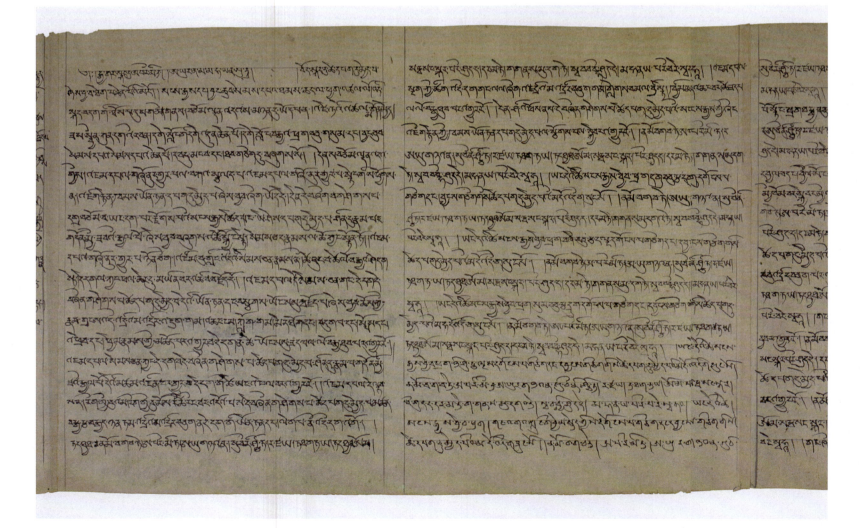

敦研 Dy.t.075 ཚེ་དཔག་དུ་མྱེད་པ་ཞེས་བྱ་བ་ཐེག་པ་ཆེན་པོའི་མདོ།།
大乘無量壽宗要經 （15—10）

敦研 Dy.t.075　ཚེ་དཔག་དུ་མྱེད་པ་ཞེས་བྱ་བ་ཐེག་པ་ཆེན་པོའི་མདོ།།
大乘無量壽宗要經　（15—11）

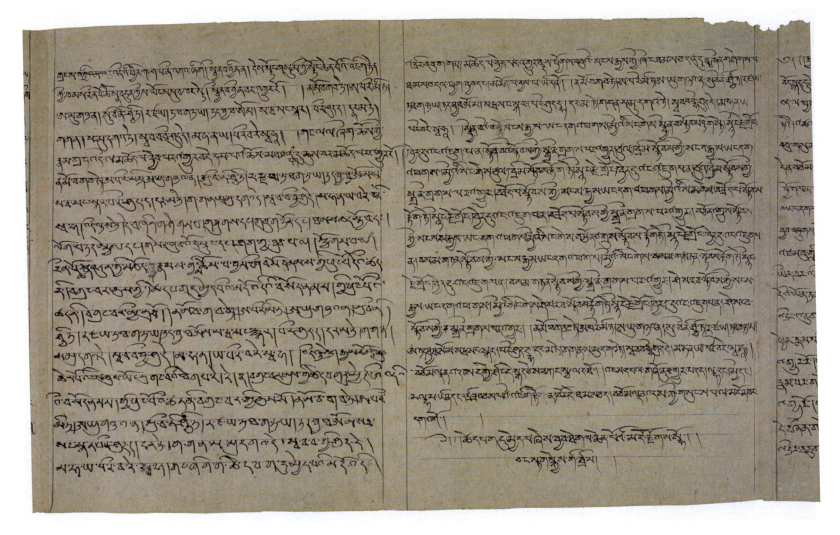

敦研 Dy.t.075　ཚེ་དཔག་དུ་མྱེད་པ་ཞེས་བྱ་བ་ཐེག་པ་ཆེན་པོའི་མདོ།།
大乘無量壽宗要經　（15—12）

敦研 Dy.t.075　ཚེ་དཔག་དུ་མྱེད་པ་ཞེས་བྱ་བ་ཐེག་པ་ཆེན་པོའི་མདོ།།
大乘無量壽宗要經　（15—13）

敦研 Dy.t.075　ཚེ་དཔག་དུ་མྱེད་པ་ཞེས་བྱ་བ་ཐེག་པ་ཆེན་པོའི་མདོ།།
大乘無量壽宗要經　（15—14）

敦研 Dy.t.075　ཚེ་དཔག་དུ་མྱེད་པ་ཞེས་བྱ་བ་ཐེག་པ་ཆེན་པོའི་མདོ༎
大乘無量壽宗要經　（15—15）

敦研 Dy.t.076　ཚེ་དཔག་དུ་མྱེད་པ་ཞེས་བྱ་བ་ཐེག་པ་ཆེན་པོའི་མདོ༎
大乘無量壽宗要經　（3—1）

敦研 Dy.t.076　ཚེ་དཔག་དུ་མྱེད་པ་ཞེས་བྱ་བ་ཐེག་པ་ཆེན་པོའི་མདོ།།
大乘無量壽宗要經 （3—2）

敦研 Dy.t.076　ཚེ་དཔག་དུ་མྱེད་པ་ཞེས་བྱ་བ་ཐེག་པ་ཆེན་པོའི་མདོ།།
大乘無量壽宗要經 （3—3）

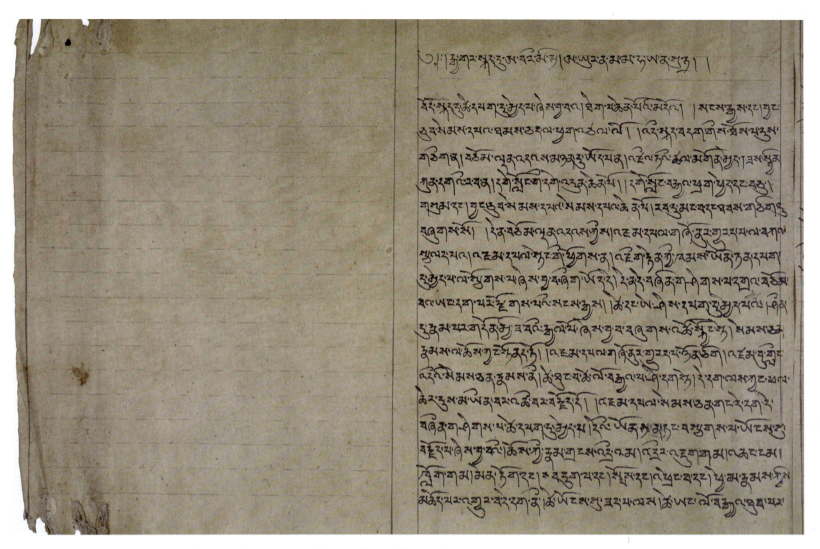

敦研 Dy.t.077　ཚེ་དཔག་དུ་མྱེད་པ་ཞེས་བྱ་བའི་ཐེག་པ་ཆེན་པོའི་མདོ་དགༀ
大乘無量壽宗要經　（4—1）

敦研 Dy.t.077　ཚེ་དཔག་དུ་མྱེད་པ་ཞེས་བྱ་བའི་ཐེག་པ་ཆེན་པོའི་མདོ་དགༀ
大乘無量壽宗要經　（4—2）

敦研 Dy.t.077　ཚེ་དཔག་དུ་མྱེད་པ་ཞེས་བྱ་བའི་ཐེག་པ་ཆེན་པོའི་མདོ།།

大乘無量壽宗要經 （4—3）

敦研 Dy.t.077　ཚེ་དཔག་དུ་མྱེད་པ་ཞེས་བྱ་བའི་ཐེག་པ་ཆེན་པོའི་མདོ།།

大乘無量壽宗要經 （4—4）

敦研 Dy.t.078　ཚེ་དཔག་དུ་མྱེད་པ་ཞེས་བྱ་བ་ཐེག་པ་ཆེན་པོའི་མདོ།།
大乘無量壽宗要經（15—1）

敦研 Dy.t.078　ཚེ་དཔག་དུ་མྱེད་པ་ཞེས་བྱ་བ་ཐེག་པ་ཆེན་པོའི་མདོ།།
大乘無量壽宗要經（15—2）

敦研 Dy.t.078　　ཚེ་དཔག་དུ་མྱེད་པ་ཞེས་བྱ་བ་ཐེག་པ་ཆེན་པོའི་མདོ༎
大乘無量壽宗要經（15—3）

敦研 Dy.t.078　　ཚེ་དཔག་དུ་མྱེད་པ་ཞེས་བྱ་བ་ཐེག་པ་ཆེན་པོའི་མདོ༎
大乘無量壽宗要經（15—4）

敦研 Dy.t.078　ཚེ་དཔག་དུ་མྱེད་པ་ཞེས་བྱ་བ་ཐེག་པ་ཆེན་པོའི་མདོ།།
大乘無量壽宗要經（15—5）

敦研 Dy.t.078　ཚེ་དཔག་དུ་མྱེད་པ་ཞེས་བྱ་བ་ཐེག་པ་ཆེན་པོའི་མདོ།།
大乘無量壽宗要經（15—6）

敦研 Dy.t.078　ཚེ་དཔག་དུ་མྱེད་པ་ཞེས་བྱ་བ་ཐེག་པ་ཆེན་པོའི་མདོ།།

大乘無量壽宗要經 （15—7）

敦研 Dy.t.078　ཚེ་དཔག་དུ་མྱེད་པ་ཞེས་བྱ་བ་ཐེག་པ་ཆེན་པོའི་མདོ།།

大乘無量壽宗要經 （15—8）

敦研 Dy.t.078　ཚེ་དཔག་དུ་མྱེད་པ་ཞེས་བྱ་བ་ཐེག་པ་ཆེན་པོའི་མདོ།།
大乘無量壽宗要經 （15—9）

敦研 Dy.t.078　ཚེ་དཔག་དུ་མྱེད་པ་ཞེས་བྱ་བ་ཐེག་པ་ཆེན་པོའི་མདོ།།
大乘無量壽宗要經 （15—10）

敦研 Dy.t.078　　ཚེ་དཔག་ཏུ་མྱེད་པ་ཞེས་བྱ་བ་ཐེག་པ་ཆེན་པོའི་མདོ།།
大乘無量壽宗要經（15—11）

敦研 Dy.t.078　　ཚེ་དཔག་ཏུ་མྱེད་པ་ཞེས་བྱ་བ་ཐེག་པ་ཆེན་པོའི་མདོ།།
大乘無量壽宗要經（15—12）

敦研 Dy.t.078　ཚེ་།དཔག་དུ་མྱེད་པ་ཞེས་བྱ་བ་ཐེག་པ་ཆེན་པོའི་མདོ།
大乘無量壽宗要經 （15—13）

敦研 Dy.t.078　ཚེ་།དཔག་དུ་མྱེད་པ་ཞེས་བྱ་བ་ཐེག་པ་ཆེན་པོའི་མདོ།
大乘無量壽宗要經 （15—14）

敦研 Dy.t.078　ཚེ་དཔག་དུ་མྱེད་པ་ཞེས་བྱ་བ་ཐེག་པ་ཆེན་པོའི་མདོ།
大乘無量壽宗要經　（15—15）

敦研 Dy.t.079　ཚེ་དཔག་དུ་འི་མྱེད་པ་ཞེས་བྱ་བ།ཐེག་པ་ཆེན་པོའི་མདོ།།
大乘無量壽宗要經　（14—1）

敦研 Dy.t.079　ཚེ་དཔག་དུ་འདུན་ཅྱིད་པ་ཞེས་བྱ་བ་ཐེག་པ་ཆེན་པོའི་མདོ།།
大乘無量壽宗要經　（14—2）

敦研 Dy.t.079　ཚེ་དཔག་དུ་འདུན་ཅྱིད་པ་ཞེས་བྱ་བ་ཐེག་པ་ཆེན་པོའི་མདོ།།
大乘無量壽宗要經　（14—3）

敦研 Dy.t.079　ཚེ་དཔག་དུ་དབྱུད་པ་ཞེས་བྱ་བ་ཐེག་པ་ཆེན་པོའི་མདོ།།

大乘無量壽宗要經　（14—4）

敦研 Dy.t.079　ཚེ་དཔག་དུ་དབྱུད་པ་ཞེས་བྱ་བ་ཐེག་པ་ཆེན་པོའི་མདོ།།

大乘無量壽宗要經　（14—5）

敦研 Dy.t.079　ཚེ་དཔག་ཏུ་མྱེད་པ་ཞེས་བྱ་བ་ཐེག་པ་ཆེན་པོའི་མདོ།།
大乘無量壽宗要經 （14—6）

敦研 Dy.t.079　ཚེ་དཔག་ཏུ་མྱེད་པ་ཞེས་བྱ་བ་ཐེག་པ་ཆེན་པོའི་མདོ།།
大乘無量壽宗要經 （14—7）

敦研 Dy.t.079　ཚེ་དཔག་དུ་མྱེད་པ་ཞེས་བྱ་བ། ཐེག་པ་ཆེན་པོའི་མདོ།།
大乘無量壽宗要經 （14—8）

敦研 Dy.t.079　ཚེ་དཔག་དུ་མྱེད་པ་ཞེས་བྱ་བ། ཐེག་པ་ཆེན་པོའི་མདོ།།
大乘無量壽宗要經 （14—9）

敦研 Dy.t.079　ཚེ་དཔག་དུ་མྱེད་པ་ཞེས་བྱ་བ་ཐེག་པ་ཆེན་པོའི་མདོ།།
大乘無量壽宗要經　（14—10）

敦研 Dy.t.079　ཚེ་དཔག་དུ་མྱེད་པ་ཞེས་བྱ་བ་ཐེག་པ་ཆེན་པོའི་མདོ།།
大乘無量壽宗要經　（14—11）

敦研 Dy.t.079　ཚེ་དཔག་དུ་མྱེད་པ་ཞེས་བྱ་བ་ཐེག་པ་ཆེན་པོའི་མདོ།།
大乘無量壽宗要經　（14—12）

敦研 Dy.t.079　ཚེ་དཔག་དུ་མྱེད་པ་ཞེས་བྱ་བ་ཐེག་པ་ཆེན་པོའི་མདོ།།
大乘無量壽宗要經　（14—13）

敦研 Dy.t.079　ཚེ་དཔའབག་དུ་ཁྱིད་པ་ཞེས་བྱ་བ། ཐེག་པ་ཆེན་པོའི་མདོ།།
大乘無量壽宗要經　（14—14）

敦研 Dy.t.080　ཚེ་དཔག་དུ་ཁྱིད་པ་ཞེས་བྱ་བ་ཐེག་པ་ཆེན་པོའི་མདོ།།
大乘無量壽宗要經　（15—1）

敦研 Dy.t.080　ཚེ་དཔག་ཏུ་མྱེད་པ་ཞེས་བྱ་བ་ཐེག་པ་ཆེན་པོའི་མདོ།།
大乘無量壽宗要經 （15—2）

敦研 Dy.t.080　ཚེ་དཔག་ཏུ་མྱེད་པ་ཞེས་བྱ་བ་ཐེག་པ་ཆེན་པོའི་མདོ།།
大乘無量壽宗要經 （15—3）

敦研 Dy.t.080　཈ེ་དཔག་དུ་མྱེད་པ་ཞེས་བྱ་བ་ཐེག་པ་ཆེན་པོའི་མདོ།།

大乘無量壽宗要經　（15—4）

敦研 Dy.t.080　཈ེ་དཔག་དུ་མྱེད་པ་ཞེས་བྱ་བ་ཐེག་པ་ཆེན་པོའི་མདོ།།

大乘無量壽宗要經　（15—5）

敦研 Dy.t.080　　ཚེ་དཔག་དུ་མྱེད་པ་ཞེས་བྱ་བ་ཐེག་པ་ཆེན་པོའི་མདོ།།
大乘無量壽宗要經　（15—6）

敦研 Dy.t.080　　ཚེ་དཔག་དུ་མྱེད་པ་ཞེས་བྱ་བ་ཐེག་པ་ཆེན་པོའི་མདོ།།
大乘無量壽宗要經　（15—7）

敦研 Dy.t.080　　ཚེ་དཔག་དུ་མྱེད་པ་ཞེས་བྱ་བ་ཐེག་པ་ཆེན་པོའི་མདོ༎
大乘無量壽宗要經　（15—8）

敦研 Dy.t.080　　ཚེ་དཔག་དུ་མྱེད་པ་ཞེས་བྱ་བ་ཐེག་པ་ཆེན་པོའི་མདོ༎
大乘無量壽宗要經　（15—9）

敦研 Dy.t.080　ཚེ་དཔག་ཏུ་མྱེད་པ་ཞེས་བྱ་བ་ཐེག་པ་ཆེན་པོའི་མདོ།།
大乘無量壽宗要經　（15—10）

敦研 Dy.t.080　ཚེ་དཔག་ཏུ་མྱེད་པ་ཞེས་བྱ་བ་ཐེག་པ་ཆེན་པོའི་མདོ།།
大乘無量壽宗要經　（15—11）

敦研 Dy.t.080　ཚེ་དཔག་དུ་མྱེད་པ་ཞེས་བྱ་བ་ཐེག་པ་ཆེན་པོའི་མདོ།།
大乘無量壽宗要經　（15—12）

敦研 Dy.t.080　ཚེ་དཔག་དུ་མྱེད་པ་ཞེས་བྱ་བ་ཐེག་པ་ཆེན་པོའི་མདོ།།
大乘無量壽宗要經　（15—13）

敦研 Dy.t.080　ཚེ་དཔག་དུ་མྱེད་པ་ཞེས་བྱ་བ་ཐེག་པ་ཆེན་པོའི་མདོ།།
大乘無量壽宗要經　（15—14）

敦研 Dy.t.080　ཚེ་དཔག་དུ་མྱེད་པ་ཞེས་བྱ་བ་ཐེག་པ་ཆེན་པོའི་མདོ།།
大乘無量壽宗要經　（15—15）

敦研 Dy.t.081　　ཚེ་དཔག་ཏུ་མྱེད་པ་ཞེས་བྱ་བ་ཐེག་པ་ཆེན་པོའི་མདོ།།
大乘無量壽宗要經 （7—1）

敦研 Dy.t.081　　ཚེ་དཔག་ཏུ་མྱེད་པ་ཞེས་བྱ་བ་ཐེག་པ་ཆེན་པོའི་མདོ།།
大乘無量壽宗要經 （7—2）

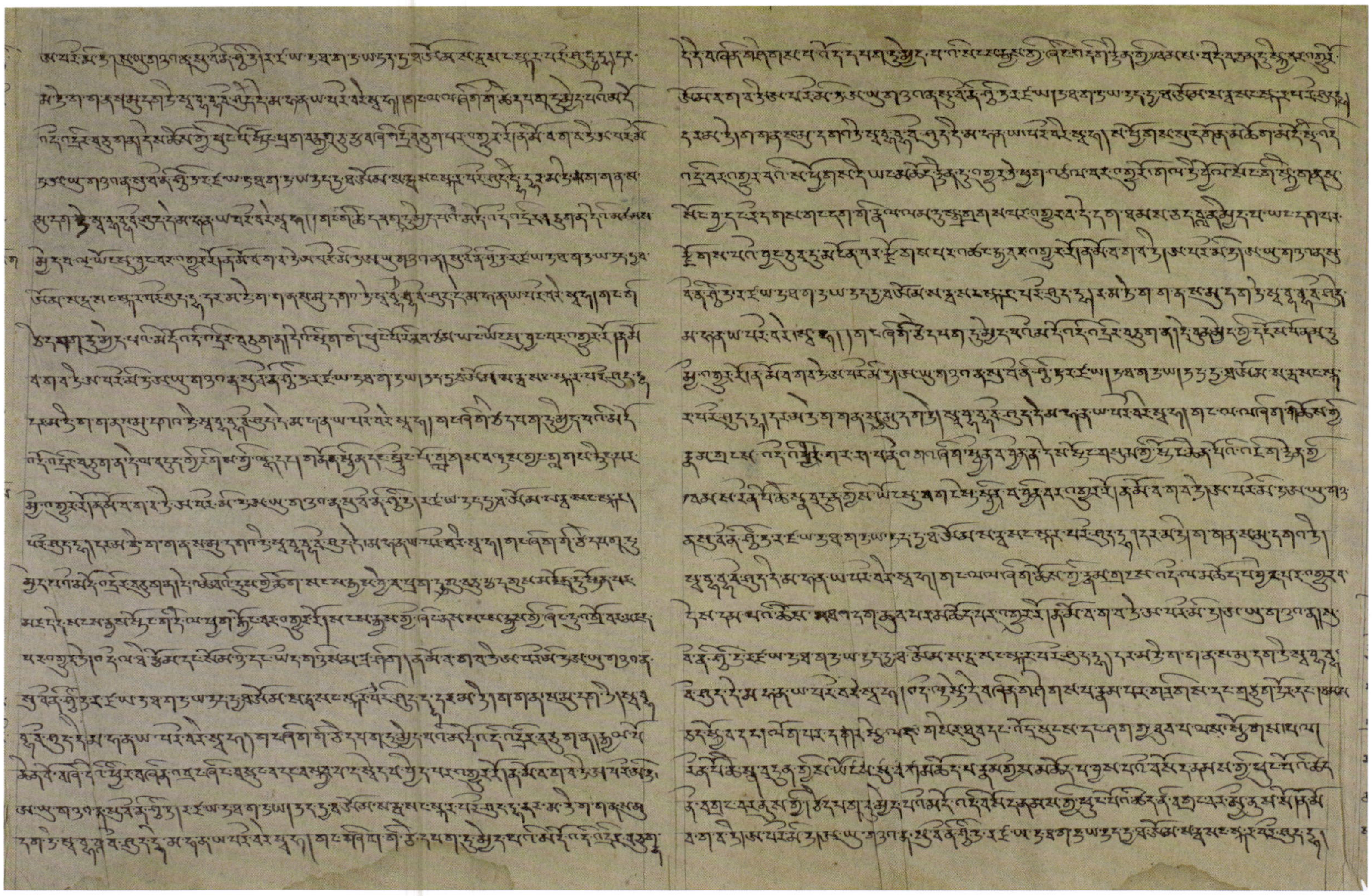

敦研 Dy.t.081 ཚེ་དཔག་ཏུ་མེད་པ་ཞེས་བྱ་བ་ཐེག་པ་ཆེན་པོའི་མདོ།།
大乘無量壽宗要經 （7—3）

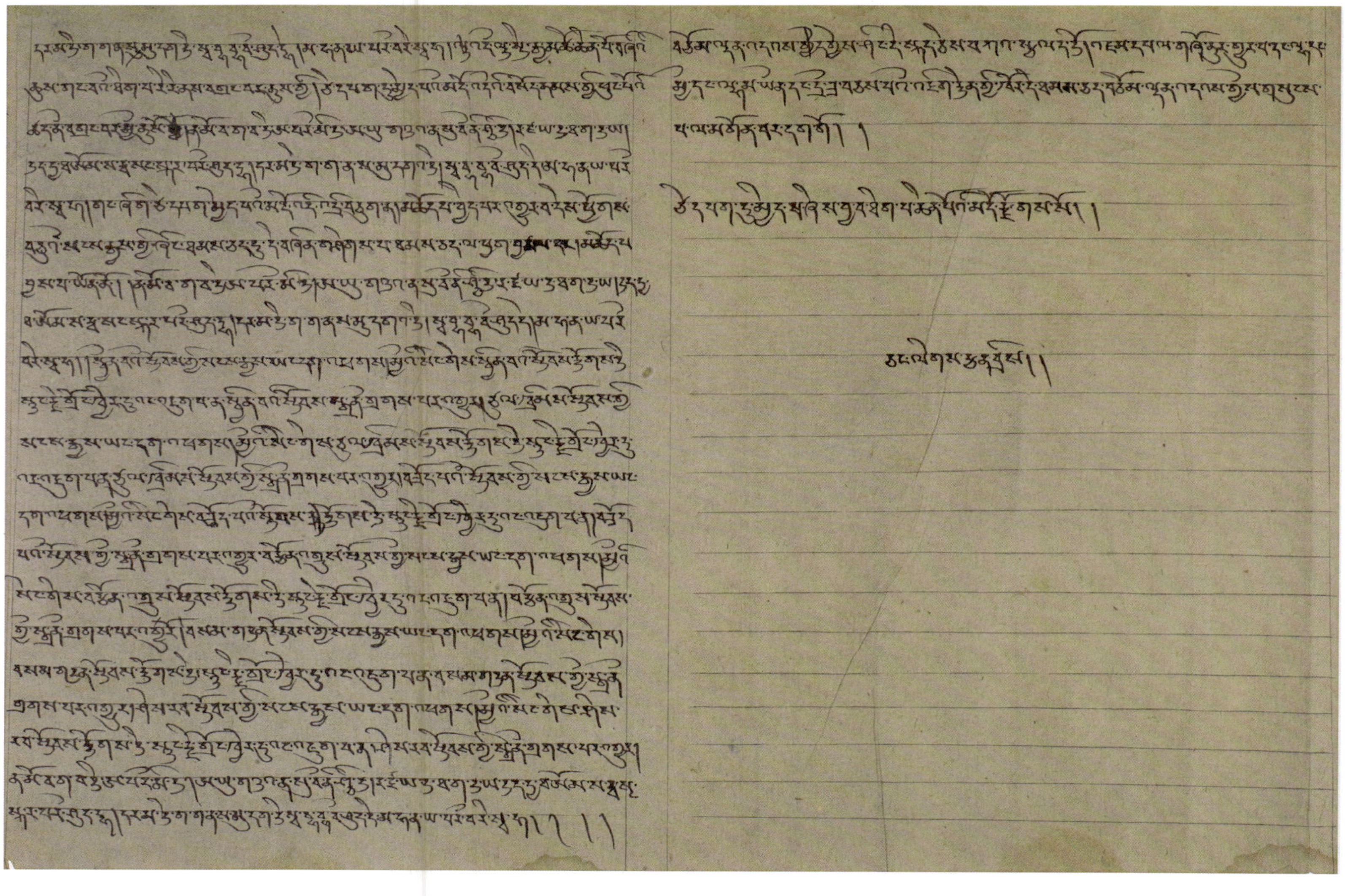

敦研 Dy.t.081 ཚེ་དཔག་ཏུ་མེད་པ་ཞེས་བྱ་བ་ཐེག་པ་ཆེན་པོའི་མདོ།།
大乘無量壽宗要經 （7—4）

敦研 Dy.t.081　ཨོཾ་དཔག་དུ་མྱེད་པ་ཞེས་བྱ་བ་ཐེག་པ་ཆེན་པོའི་མདོ།།

大乘無量壽宗要經　（7—5）

敦研 Dy.t.081　ཨོཾ་དཔག་དུ་མྱེད་པ་ཞེས་བྱ་བ་ཐེག་པ་ཆེན་པོའི་མདོ།།

大乘無量壽宗要經　（7—6）

敦研 Dy.t.081　　ཚེ་དཔག་དུ་མྱེད་པ་ཞེས་བྱ་བ་ཐེག་པ་ཆེན་པོའི་མདོ།།
　　　　　　　大乘無量壽宗要經　（7—7）

敦研 Dy.t.082　　ཚེ་དཔག་དུ་མྱེད་པའི་མདོ་ཞེས་བྱ་བ་ཐེག་པ་ཆེན་པོའི་མདོ།།
　　　　　　　大乘無量壽宗要經　（12—1）

敦研 Dy.t.082　　ཚེ་དཔག་ཏུ་མྱེད་པའི་མདོ་ཞེས་བྱ་བ་ཐེག་པ་ཆེན་པོའི་མདོ།།
大乘無量壽宗要經 （12—2）

敦研 Dy.t.082　　ཚེ་དཔག་ཏུ་མྱེད་པའི་མདོ་ཞེས་བྱ་བ་ཐེག་པ་ཆེན་པོའི་མདོ།།
大乘無量壽宗要經 （12—3）

敦研 Dy.t.082　ཚེ་དཔག་དུ་མྱེད་པའི་མདོ་ཞེས་བྱ་བ་ཐེག་པ་ཆེན་པོའི་མདོ།།

大乘無量壽宗要經　（12—4）

敦研 Dy.t.082　ཚེ་དཔག་དུ་མྱེད་པའི་མདོ་ཞེས་བྱ་བ་ཐེག་པ་ཆེན་པོའི་མདོ།།

大乘無量壽宗要經　（12—5）

162

敦研 Dy.t.082　　ཚེ་དཔག་དུ་མྱེད་པའི་མདོ་ཞེས་བྱ་བ་ཐེག་པ་ཆེན་པོའི་མདོ།།
大乘無量壽宗要經　（12—6）

敦研 Dy.t.082　　ཚེ་དཔག་དུ་མྱེད་པ་མདོ་ཞེས་བྱ་བ་ཐེག་པ་ཆེན་པོའི་མདོ།།
大乘無量壽宗要經　（12—7）

敦研 Dy.t.082　ཚེ་དཔག་ཏུ་མྱེད་པ་མདོ་ཞེས་བྱ་བ་ཐེག་པ་ཆེན་པོའི་མདོ།།
大乘無量壽宗要經 （12—8）

敦研 Dy.t.082　ཚེ་དཔག་ཏུ་མྱེད་པ་མདོ་ཞེས་བྱ་བ་ཐེག་པ་ཆེན་པོའི་མདོ།།
大乘無量壽宗要經 （12—9）

敦研 Dy.t.082　ཚེ་དཔག་དུ་མྱེད་པ་མདོ་ཞེས་བྱ་བ་ཐེག་པ་ཆེན་པོའི་མདོ༎
大乘無量壽宗要經　（12—10）

敦研 Dy.t.082　ཚེ་དཔག་དུ་མྱེད་པ་མདོ་ཞེས་བྱ་བ་ཐེག་པ་ཆེན་པོའི་མདོ༎
大乘無量壽宗要經　（12—11）

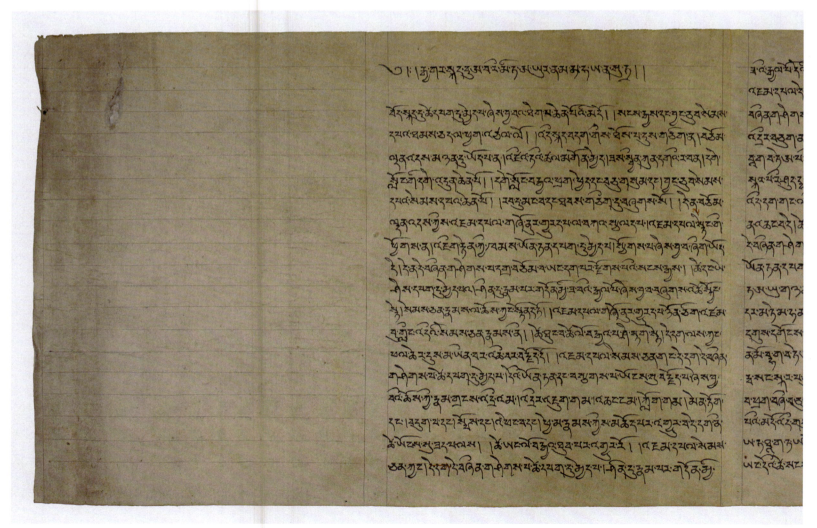

敦研 Dy.t.082　ཚེ་དཔག་དུ་མྱེད་པ་མདོ་ཞེས་བྱ་བ་ཐེག་པ་ཆེན་པོའི་མདོ།།

大乘無量壽宗要經 （12—12）

敦研 Dy.t.083　ཚེ་དཔག་དུ་མྱེད་པ་ཞེས་བྱ་བན་ཐེག་པ་ཆེན་པོའི་མདོ།།

大乘無量壽宗要經 （4—1）

敦研 Dy.t.083　ཚེ་དཔག་དུ་མྱེད་པ་ཞེས་བྱ་བའ་ཐེག་པ་ཆེན་པོའི་མདོ།།
大乘無量壽宗要經　（4—2）

敦研 Dy.t.083　ཚེ་དཔག་དུ་མྱེད་པ་ཞེས་བྱ་བའ་ཐེག་པ་ཆེན་པོའི་མདོ།།
大乘無量壽宗要經　（4—3）

敦研 Dy.t.083　　ཚེ་དཔག་དུ་མྱེད་པ་ཞེས་བྱ་བའ་ཐེག་པ་ཆེན་པོའི་མདོ།།
大乘無量壽宗要經　（4—4）

敦研 Dy.t.084　　ཚེ་དཔག་དུ་མྱེད་པ་ཞེས་བྱ་བ་ཐེག་པ་ཆེན་པོའི་མདོ།།
大乘無量壽宗要經　（4—1）

168

敦研 Dy.t.084　ཚེ་དཔག་ཏུ་མྱེད་པ་ཞེས་བྱ་བ་ཐེག་པ་ཆེན་པོའི་མདོ།།
大乘無量壽宗要經　（4—2）

敦研 Dy.t.084　ཚེ་དཔག་ཏུ་མྱེད་པ་ཞེས་བྱ་བ་ཐེག་པ་ཆེན་པོའི་མདོ།།
大乘無量壽宗要經　（4—3）

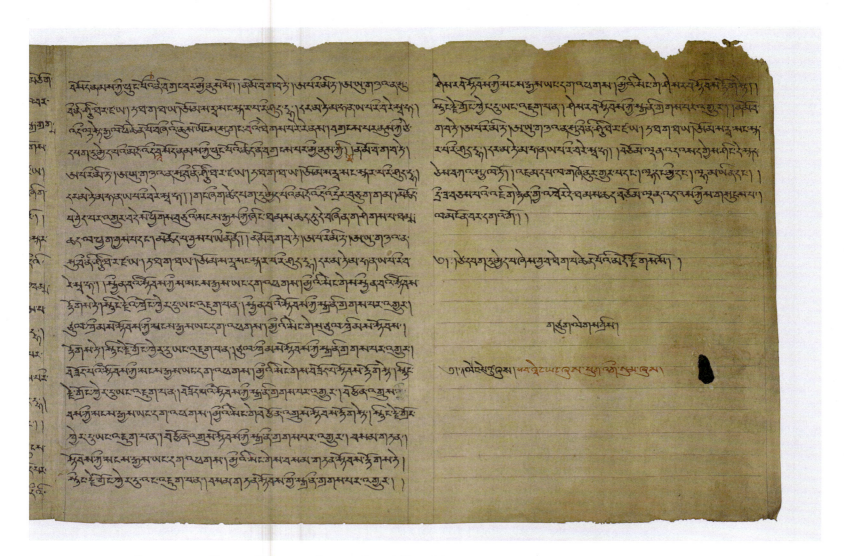

敦研 Dy.t.084　ཚེ་དཔག་དུ་མྱེད་པ་ཞེས་བྱ་བ་ཐེག་པ་ཆེན་པོའི་མདོ༎
大乘無量壽宗要經 （4—4）

敦研 Dy.t.085　ཚེ་དཔག་དུ་མྱེད་པ་ཞེས་བྱ་བ་ཐེག་པ་ཆེན་པོའི་མདོ༔༔
大乘無量壽宗要經 （3—1）

敦研 Dy.t.085　ཚེ་དཔག་དུ་མྱེད་པ་ཞེས་བྱ་བ་ཐེག་པ་ཆེན་པོའི་མདོ།:|
大乘無量壽宗要經 （3—2）

敦研 Dy.t.085　ཚེ་དཔག་དུ་མྱེད་པ་ཞེས་བྱ་བ་ཐེག་པ་ཆེན་པོའི་མདོ།:|
大乘無量壽宗要經 （3—3）

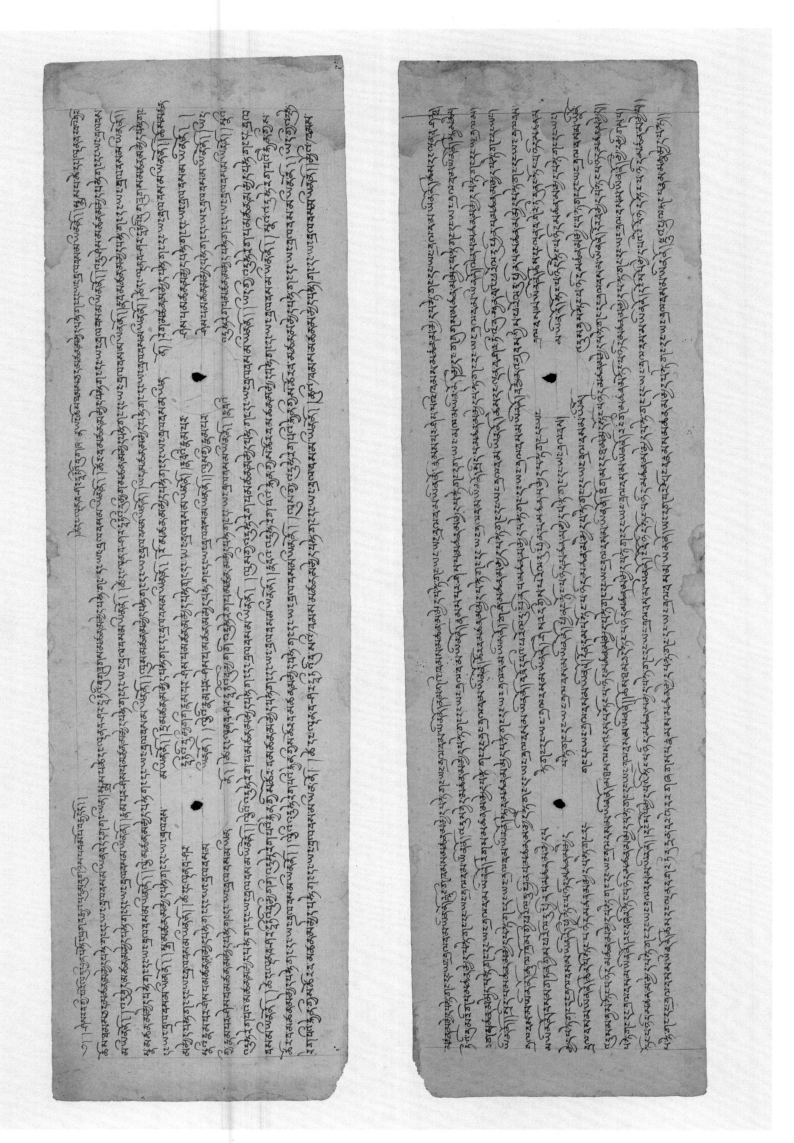

敦研 Dy.t.086 (R-V)　ཤེས་རབ་ཀྱི་ཕ་རོལ་དུ་ཕྱིན་པ་སྟོང་ཕྲག་བརྒྱའ་པ་དུམ་བུ་གཉིས་པ་བམ་པོ་བརྒྱད་དོ།།

十萬頌般若波羅蜜多經第二卷第八品

敦研 Dy.t.087 (R-V) ཤེས་རབ་ཀྱི་ཕ་རོལ་ཏུ་ཕྱིན་པ་སྟོང་ཕྲག་བརྒྱ་བ་དུམ་བུ་གཉིས་པ་བམ་པོ་བཅོ་བརྒྱད་དང་བཅུ་དགུའོ།།

十萬頌般若波羅蜜多經第二卷第十八、十九品敦研 Dy.t.088 (R-V)　ཤེས་རབ་ཀྱི་ཕ་རོལ་ཏུ་ཕྱིན་པ་སྟོང་ཕྲག་བརྒྱ་བ་དུམ་བུ་དང་པོ་བམ་པོ་སུམ་ཅུ་བརྒྱད་དོ།།

十萬頌般若波羅蜜多經第一卷第三十八品

174

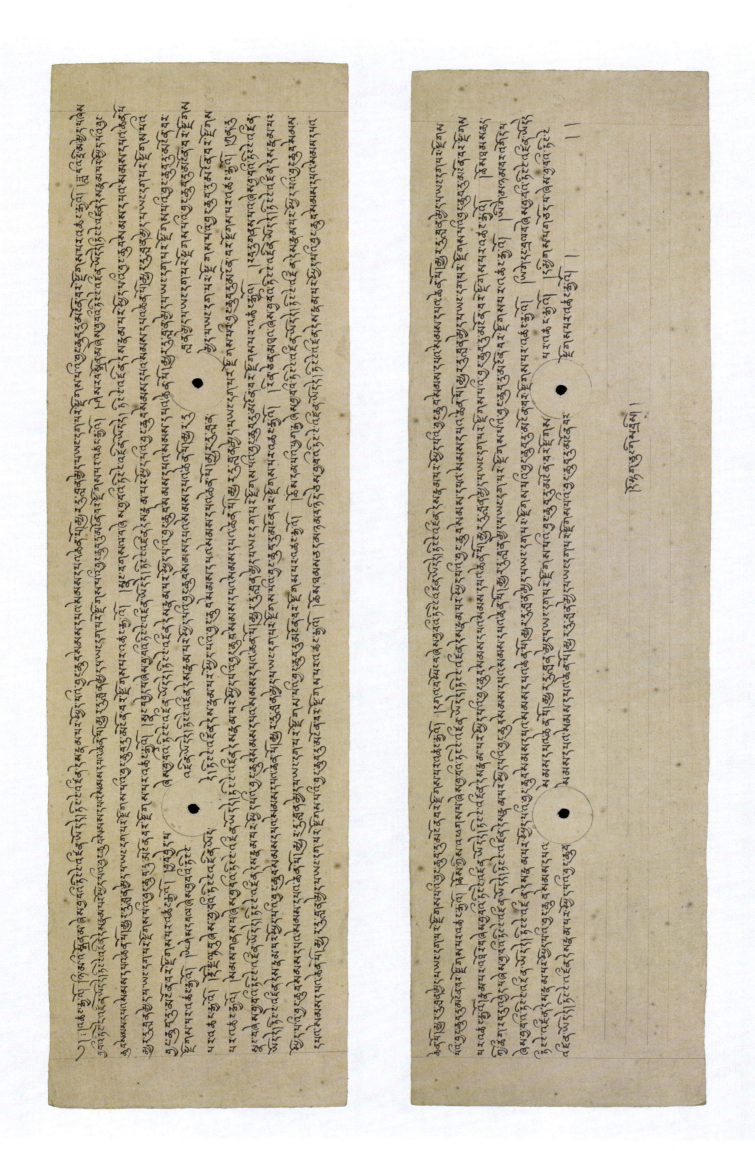

敦研 Dy.t.089 (R-V)　ཤེས་རབ་ཀྱི་ཕ་རོལ་ཏུ་ཕྱིན་པ་སྟོང་ཕྲག་བརྒྱ་པ།

十萬頌般若波羅蜜多經

175

敦研 Dy.t.090 (R-V)　ཤེས་རབ་ཀྱི་ཕ་རོལ་དུ་ཕྱིན་པ་སྟོང་ཕྲག་བརྒྱ་པ་དུམ་བུ་དང་པོ་བམ་པོ་སུམ་ཅུ་རྩ་དྲུག་དང་སུམ་ཅུ་རྩ་བདུན་ནོ།།

十萬頌般若波羅蜜多經第一卷第三十六、三十七品敦研 Dy.t.091 (R-V) ཤེས་རབ་ཀྱི་པ་རོལ་དུ་ཕྱིན་པ་སྟོང་ཕྲག་བརྒྱ་པ་དུམ་བུ་དང་པོ་བམ་པོ་སུམ་ཅུ་དྲུག་གོ །།

十萬頌般若波羅蜜多經第一卷第三十六品

敦研 Dy.t.092 (R-V)　ཤེས་རབ་ཀྱི་ཕ་རོལ་ཏུ་ཕྱིན་པ་སྟོང་ཕྲག་བརྒྱ་པ་དུམ་བུ་བཞི་པ་བམ་པོ་སུམ་ཅུ་གསུམ་མོ།།

十萬頌般若波羅蜜多經第四卷第三十三品

178

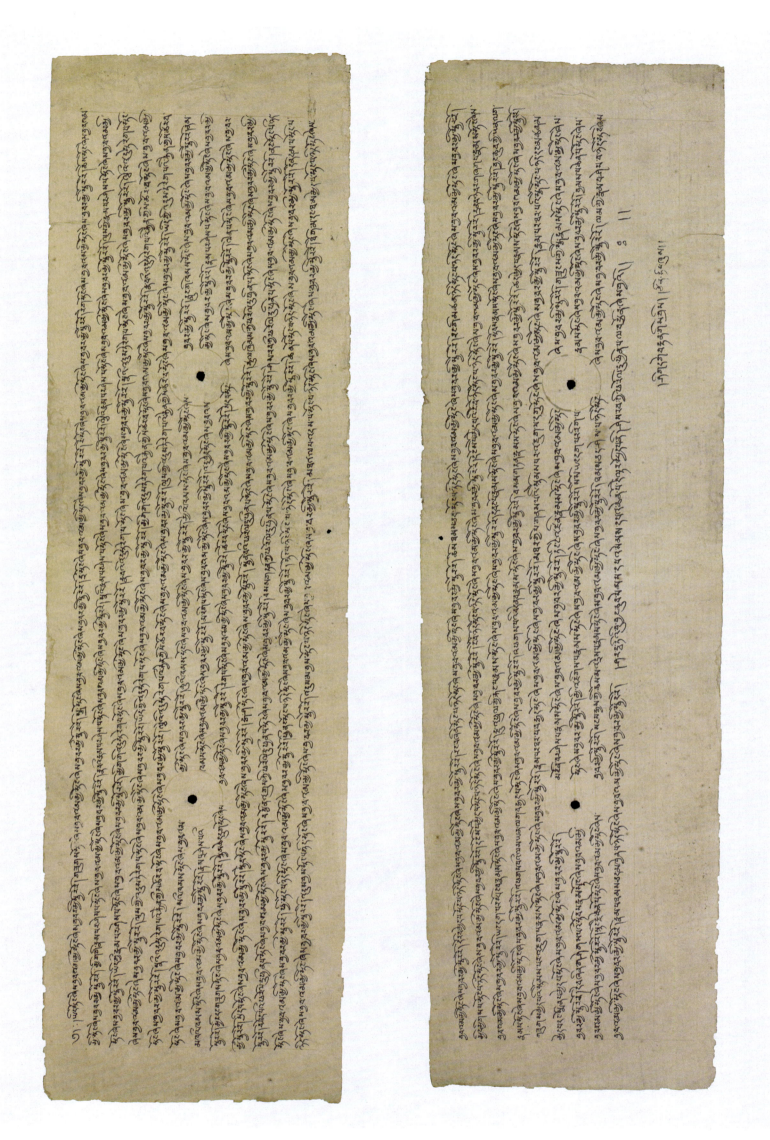

敦研 Dy.t.093 (R-V)　ཤེས་རབ་ཀྱི་ཕ་རོལ་དུ་ཕྱིན་པ་སྟོང་ཕྲག་བརྒྱ་པ།
十萬頌般若波羅蜜多經

敦研 Dy.t.094 (R-V)　ཤེས་རབ་ཀྱི་ཕ་རོལ་དུ་ཕྱིན་པ་སྟོང་ཕྲག་བརྒྱ་པ།
十萬頌般若波羅蜜多經

敦研 Dy.t.095 (R-V)　ཤེས་རབ་ཀྱི་ཕ་རོལ་ཏུ་ཕྱིན་པ་སྟོང་ཕྲག་བརྒྱ་པ།
十萬頌般若波羅蜜多經

敦研 Dy.t.096 (R-V)　ཤེས་རབ་ཀྱི་ཕ་རོལ་དུ་ཕྱིན་པ་སྟོང་ཕྲག་བརྒྱ་པ།

十萬頌般若波羅蜜多經

敦研 Dy.t.097 (R-V)　ཤེས་རབ་ཀྱི་ཕ་རོལ་དུ་ཕྱིན་པ་སྟོང་ཕྲག་བརྒྱ་པ།
十萬頌般若波羅蜜多經

敦研 Dy.t.098 (R-V) ཤེས་རབ་ཀྱི་ཕ་རོལ་ཏུ་ཕྱིན་པ་སྟོང་ཕྲག་བརྒྱ་པ།
十萬頌般若波羅蜜多經

敦研 Dy.t.099 (R-V)　ཤེས་རབ་ཀྱི་ཕ་རོལ་དུ་ཕྱིན་པ་སྟོང་ཕྲག་བརྒྱ་པ།
十萬頌般若波羅蜜多經

敦研 Dy.t.100 (R-V)　ཤེས་རབ་ཀྱི་ཕ་རོལ་དུ་ཕྱིན་པ་སྟོང་ཕྲག་བརྒྱ་པ།

十萬頌般若波羅蜜多經

敦研 Dy.t.101 (R-V)　ཤེས་རབ་ཀྱི་ཕ་རོལ་དུ་ཕྱིན་པ་སྟོང་ཕྲག་བརྒྱ་པ།
十萬頌般若波羅蜜多經

敦研 Dy.t.102 (R-V) ཤེས་རབ་ཀྱི་ཕ་རོལ་དུ་ཕྱིན་པ་སྟོང་ཕྲག་བརྒྱ་པ།

十萬頌般若波羅蜜多經

188

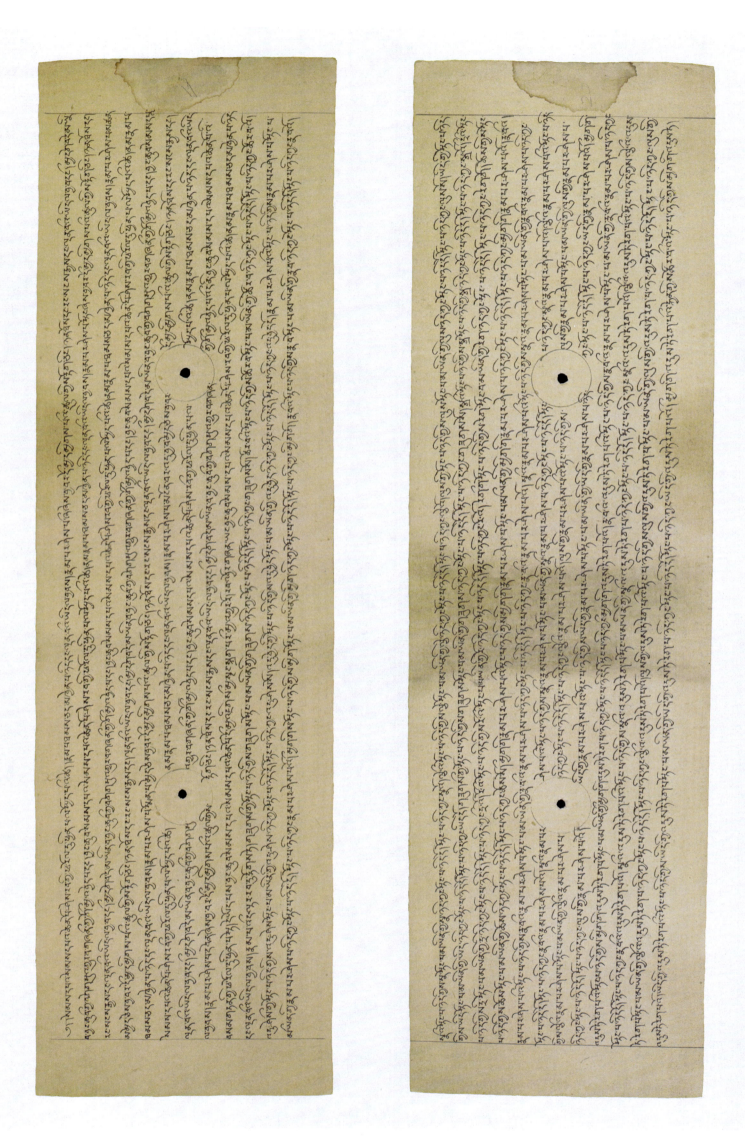

敦研 Dy.t.103 (R-V)　ཤེས་རབ་ཀྱི་ཕ་རོལ་དུ་ཕྱིན་པ་སྟོང་ཕྲག་བརྒྱ་པ།
十萬頌般若波羅蜜多經

敦研 Dy.t.104 (R-V) ཤེས་རབ་ཀྱི་ཕ་རོལ་ཏུ་ཕྱིན་པ་སྟོང་ཕྲག་བརྒྱ་པ།

十萬頌般若波羅蜜多經

敦研 Dy.t.105 (R-V)　ཤེས་རབ་ཀྱི་ཕ་རོལ་ཏུ་ཕྱིན་པ་སྟོང་ཕྲག་བརྒྱ་པ།
十萬頌般若波羅蜜多經

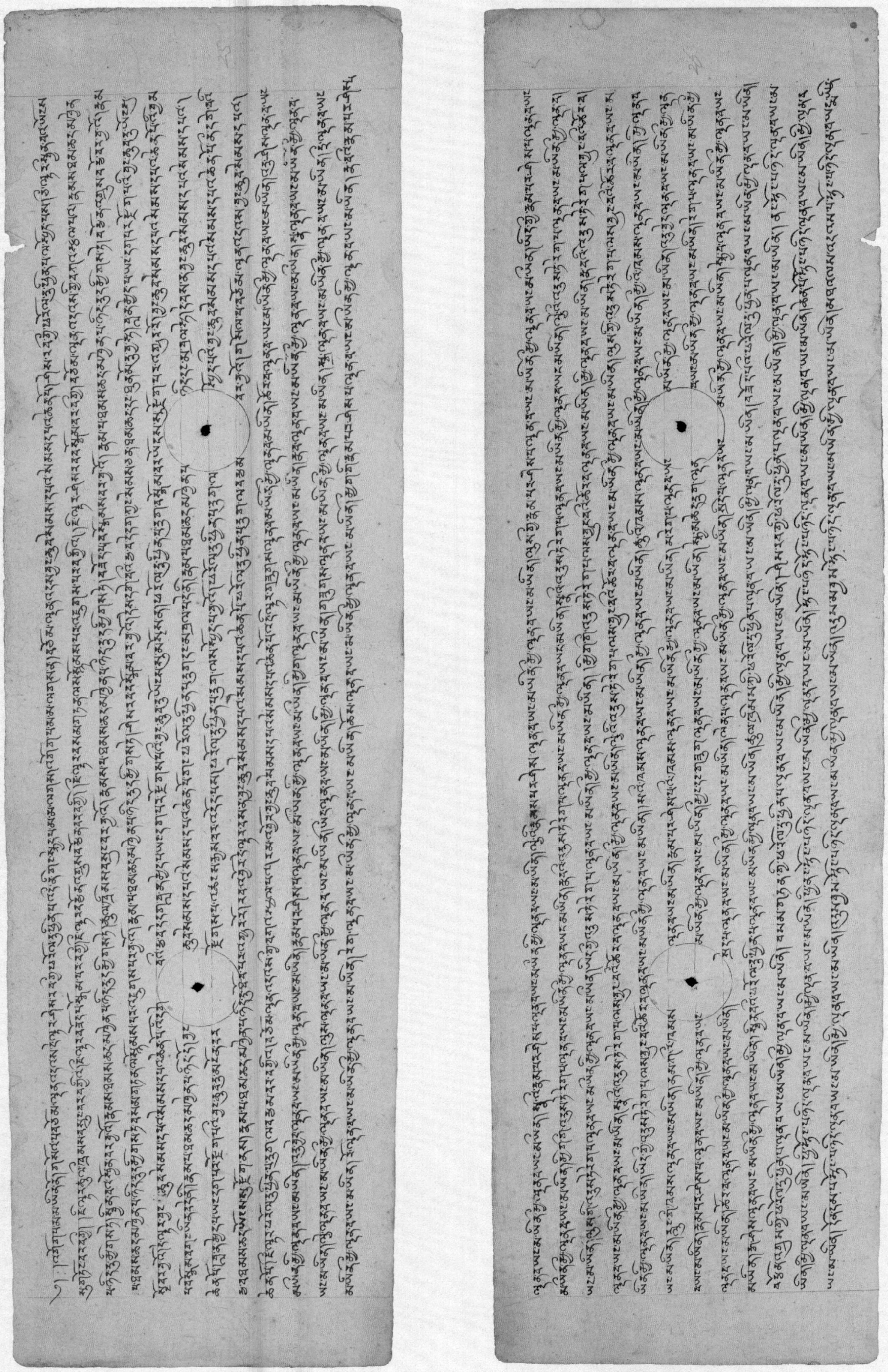

敦研 Dy.t.106 (R-V) ཤེས་རབ་ཀྱི་ཕ་རོལ་ཏུ་ཕྱིན་པ་སྟོང་ཕྲག་བརྒྱ་པ།
十萬頌般若波羅蜜多經

敦研 Dy.t.107 (R-V)　ཤེས་རབ་ཀྱི་ཕ་རོལ་དུ་ཕྱིན་པ་སྟོང་ཕྲག་བརྒྱ་པ།

十萬頌般若波羅蜜多經

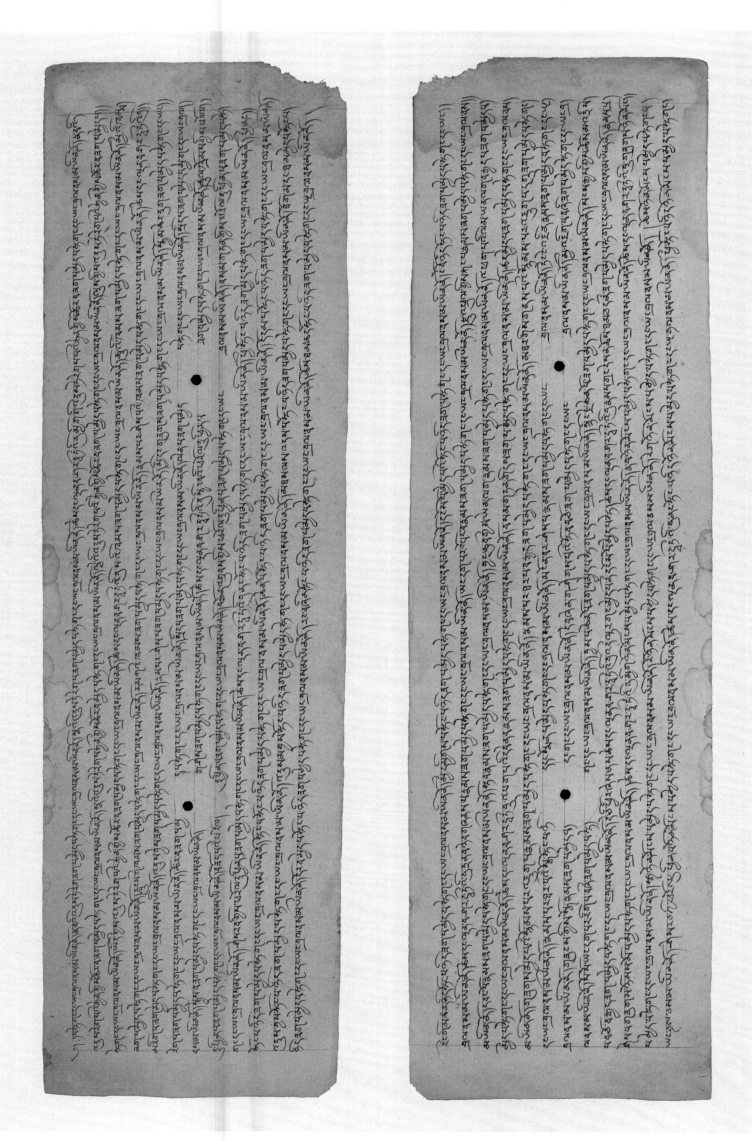

敦研 Dy.t.108 (R-V)　ཤེས་རབ་ཀྱི་ཕ་རོལ་དུ་ཕྱིན་པ་སྟོང་ཕྲག་བརྒྱ་པ།

十萬頌般若波羅蜜多經

194

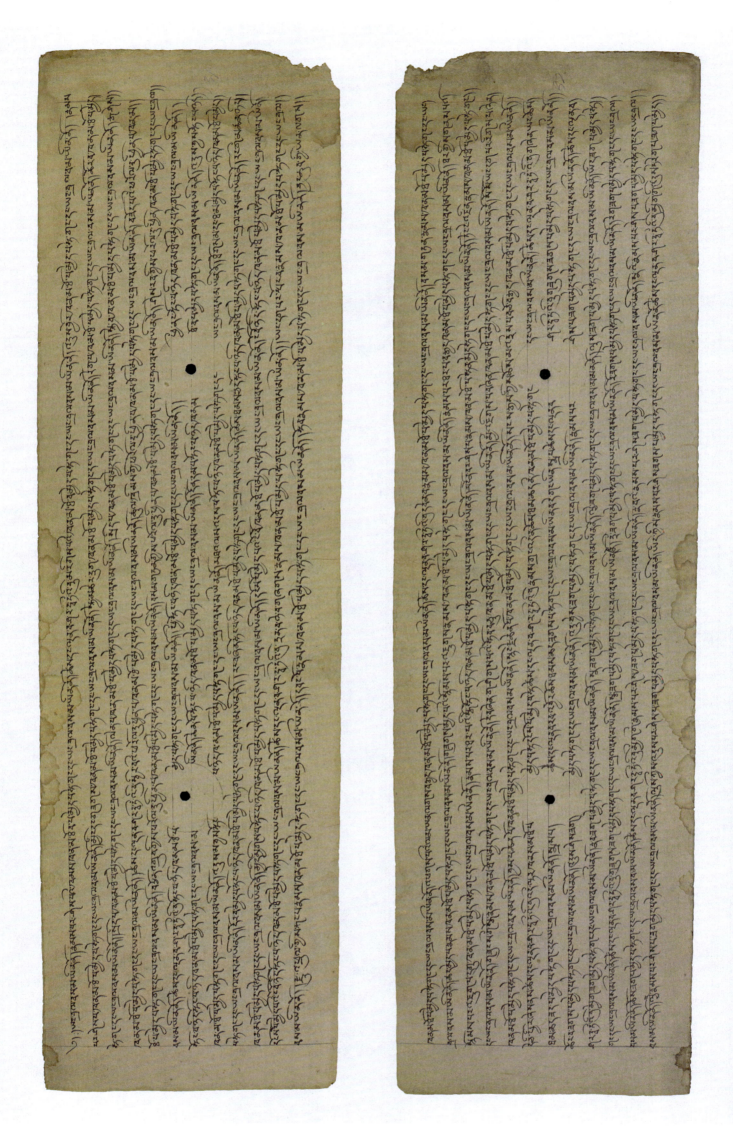

敦研 Dy.t.109 (R-V)　ཤེས་རབ་ཀྱི་ཕ་རོལ་དུ་ཕྱིན་པ་སྟོང་ཕྲག་བརྒྱ་པ།
十萬頌般若波羅蜜多經

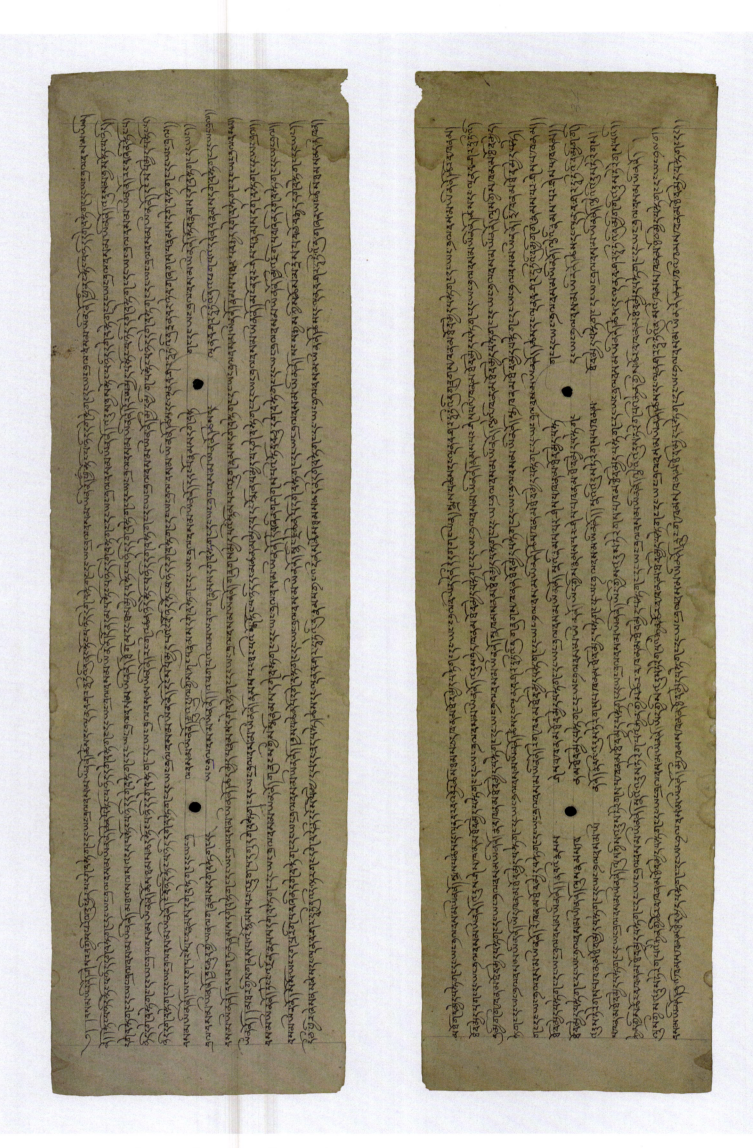

敦研 Dy.t.111 (R-V)　　ཤེས་རབ་ཀྱི་ཕ་རོལ་དུ་ཕྱིན་པ་སྟོང་ཕྲག་བརྒྱ་པ།
十萬頌般若波羅蜜多經

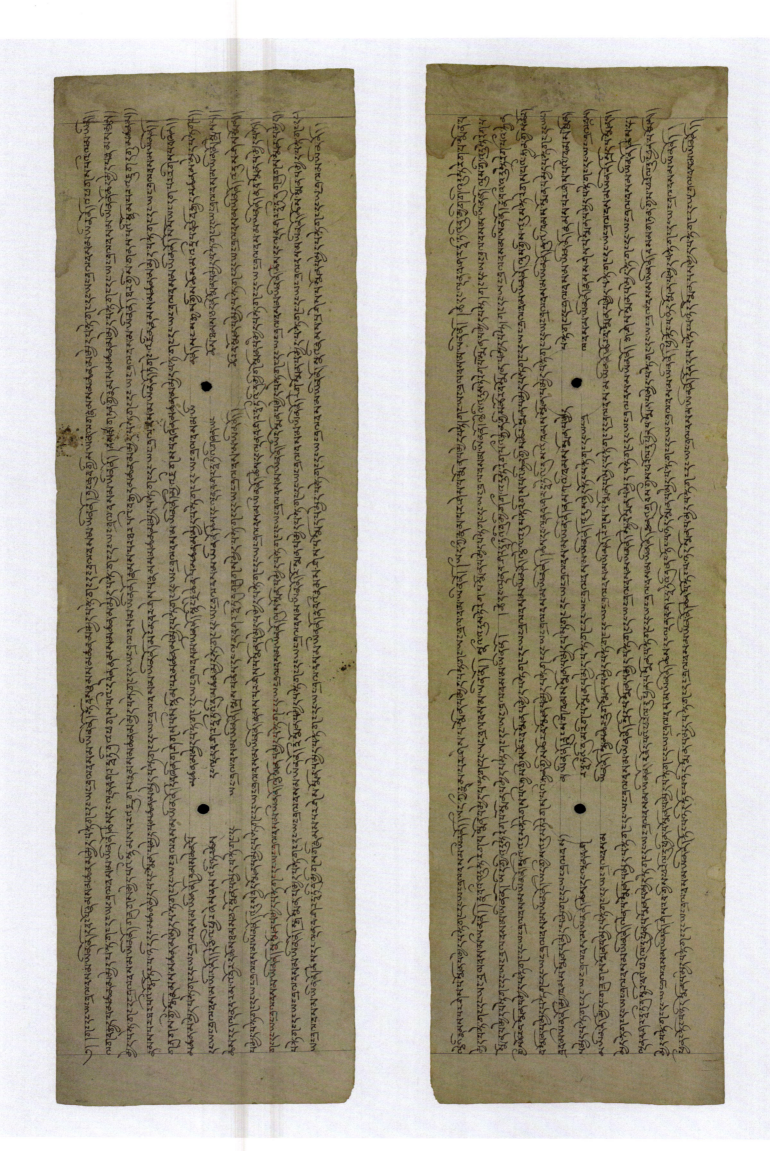

敦研 Dy.t.112 (R-V) ཤེས་རབ་ཀྱི་ཕ་རོལ་ཏུ་ཕྱིན་པ་སྟོང་ཕྲག་བརྒྱ་པ།
十萬頌般若波羅蜜多經

敦研 Dy.t.113 (R-V)   ཤེས་རབ་ཀྱི་ཕ་རོལ་ཏུ་ཕྱིན་པ་སྟོང་ཕྲག་བརྒྱ་པ།
十萬頌般若波羅蜜多經

敦研 Dy.t.114 (R-V) ཤེས་རབ་ཀྱི་ཕ་རོལ་ཏུ་ཕྱིན་པ་སྟོང་ཕྲག་བརྒྱ་པ།

十萬頌般若波羅蜜多經

敦研 Dy.t.115 (R-V)　ཤེས་རབ་ཀྱི་ཕ་རོལ་དུ་ཕྱིན་པ་སྟོང་ཕྲག་བརྒྱ་པ།
十萬頌般若波羅蜜多經

敦研 Dy.t.116 (R-V) ཤེས་རབ་ཀྱི་ཕ་རོལ་ཏུ་ཕྱིན་པ་སྟོང་ཕྲག་བརྒྱ་པ།
十萬頌般若波羅蜜多經

敦研 Dy.t.117 (R-V)　ཤེས་རབ་ཀྱི་ཕ་རོལ་དུ་ཕྱིན་པ་སྟོང་ཕྲག་བརྒྱ་པ།
十萬頌般若波羅蜜多經

敦研 Dy.t.118 (R-V)　ཤེས་རབ་ཀྱི་ཕ་རོལ་ཏུ་ཕྱིན་པ་སྟོང་ཕྲག་བརྒྱ་པ།
十萬頌般若波羅蜜多經

204

敦研 Dy.t.119 (R-V)　ཤེས་རབ་ཀྱི་ཕ་རོལ་དུ་ཕྱིན་པ་སྟོང་ཕྲག་བརྒྱ་པ།
十萬頌般若波羅蜜多經

敦研 Dy.t.120 (R-V) ཤེས་རབ་ཀྱི་ཕ་རོལ་དུ་ཕྱིན་པ་སྟོང་ཕྲག་བརྒྱ་པ།

十萬頌般若波羅蜜多經

敦研 Dy.t.121 (R-V) ཤེས་རབ་ཀྱི་ཕ་རོལ་དུ་ཕྱིན་པ་སྟོང་ཕྲག་བརྒྱ་པ།

十萬頌般若波羅蜜多經

敦研 Dy.t.122 (R-V)　ཤེས་རབ་ཀྱི་ཕ་རོལ་ཏུ་ཕྱིན་པ་སྟོང་ཕྲག་བརྒྱ་པ།

十萬頌般若波羅蜜多經

敦研 Dy.t.123 (R-V)　ཤེས་རབ་ཀྱི་ཕ་རོལ་དུ་ཕྱིན་པ་སྟོང་ཕྲག་བརྒྱ་པ།
十萬頌般若波羅蜜多經

敦研 Dy.t.124 (R-V)　ཤེས་རབ་ཀྱི་ཕ་རོལ་ཏུ་ཕྱིན་པ་སྟོང་ཕྲག་བརྒྱ་པ།
十萬頌般若波羅蜜多經

210

敦研 Dy.t.125 (R-V) ཤེས་རབ་ཀྱི་ཕ་རོལ་ཏུ་ཕྱིན་པ་སྟོང་ཕྲག་བརྒྱ་པ།
十萬頌般若波羅蜜多經

敦研 Dy.t.126 (R-V) ཤེས་རབ་ཀྱི་ཕ་རོལ་དུ་ཕྱིན་པ་སྟོང་ཕྲག་བརྒྱ་པ།
十萬頌般若波羅蜜多經

敦研 Dy.t.127 (R-V)　ཤེས་རབ་ཀྱི་ཕ་རོལ་དུ་ཕྱིན་པ་སྟོང་ཕྲག་བརྒྱ་པ།
十萬頌般若波羅蜜多經

敦研 Dy.t.128 (R-V) ཤེས་རབ་ཀྱི་ཕ་རོལ་ཏུ་ཕྱིན་པ་སྟོང་ཕྲག་བརྒྱ་པ།
十萬頌般若波羅蜜多經

214

敦研 Dy.t.130 (R-V)　ཤེས་རབ་ཀྱི་ཕ་རོལ་ཏུ་ཕྱིན་པ་སྟོང་ཕྲག་བརྒྱ་པ།
十萬頌般若波羅蜜多經

216

敦研 Dy.t.131 (R-V)　ཤེས་རབ་ཀྱི་ཕ་རོལ་ཏུ་ཕྱིན་པ་སྟོང་ཕྲག་བརྒྱ་པ།
十萬頌般若波羅蜜多經

大乘無量壽宗要經 （3—1）

大乘無量壽宗要經 （3—2）

敦研 Dy.t.132　ཚེ་དཔག་དུ་མྱེད་པ་ཞེས་བྱ་བ་ཐེག་པ་ཆེན་པོའི་མདོ།།
大乘無量壽宗要經 （3—3）

敦研 Dy.t.133　ཚེ་དཔག་དུ་མྱེད་པ་ཞེས་བྱ་བ་ཐེག་པ་ཆེན་པོའི་མདོ།།
大乘無量壽宗要經 （4—1）

敦研 Dy.t.133　ཚེ་དཔག་དུ་མྱེད་པ་ཞེས་བྱ་བ་ཐེག་པ་ཆེན་པོའི་མདོ༎
大乘無量壽宗要經　（4—2）

敦研 Dy.t.133　ཚེ་དཔག་དུ་མྱེད་པ་ཞེས་བྱ་བ་ཐེག་པ་ཆེན་པོའི་མདོ༎
大乘無量壽宗要經　（4—3）

敦研 Dy.t.133　ཚེ་དཔག་ཏུ་མྱེད་པ་ཞེས་བྱ་བ་ཐེག་པ་ཆེན་པོའི་མདོ།།
大乘無量壽宗要經　（4—4）

敦研 Dy.t.134　ཚེ་དཔག་ཏུ་མྱེད་པ་ཞེས་བྱ་བ་ཐེག་ཆེན་པོའི་མདོ།
大乘無量壽宗要經　（3—1）

敦研 Dy.t.134　ཚེ་དཔག་དུ་མྱེད་པ་ཞེས་བྱ་བ་ཐེག་ཆེན་པོའི་མདོ།
大乘無量壽宗要經　（3—2）

敦研 Dy.t.134　ཚེ་དཔག་དུ་མྱེད་པ་ཞེས་བྱ་བ་ཐེག་ཆེན་པོའི་མདོ།
大乘無量壽宗要經　（3—3）

敦研 Dy.t.135　ཚེ་དཔག་དུ་མྱེད་པ་ཞེས་བྱ་བ་ཐེག་པ་ཆེན་པོའི་མདོ༎
大乘無量壽宗要經　（4—1）

敦研 Dy.t.135　ཚེ་དཔག་དུ་མྱེད་པ་ཞེས་བྱ་བ་ཐེག་པ་ཆེན་པོའི་མདོ༎
大乘無量壽宗要經　（4—2）

敦研 Dy.t.135　ཚེ་དཔག་དུ་མྱེད་པ་ཞེས་བྱ་བ་ཐེག་པ་ཆེན་པོའི་མདོ།།
大乘無量壽宗要經　（4—3）

敦研 Dy.t.135　ཚེ་དཔག་དུ་མྱེད་པ་ཞེས་བྱ་བ་ཐེག་པ་ཆེན་པོའི་མདོ།།
大乘無量壽宗要經　（4—4）

224

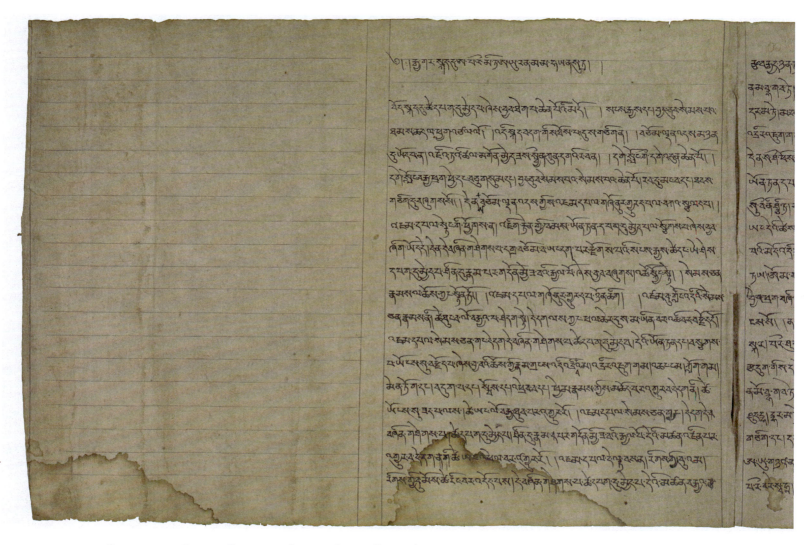

敦研 Dy.t.136　ཚེ་དཔག་དུ་མྱེད་པ་ཞེས་བྱ་བ་ཐེག་པ་ཆེན་པོའི་མདོ།།
大乘無量壽宗要經　（3—1）

敦研 Dy.t.136　ཚེ་དཔག་དུ་མྱེད་པ་ཞེས་བྱ་བ་ཐེག་པ་ཆེན་པོའི་མདོ།།
大乘無量壽宗要經　（3—2）

敦研 Dy.t.136　ཚེ་དཔག་དུ་མྱེད་པ་ཞེས་བྱ་བ་ཐེག་པ་ཆེན་པོའི་མདོ།།
　　　　　　　大乘無量壽宗要經　（3—3）

敦研 Dy.t.137　ཚེ་དཔག་དུ་མྱེད་པ་ཞེས་བྱ་བ་ཐེག་པ་ཆེན་པོའི་མདོ།།
　　　　　　　大乘無量壽宗要經

敦研 Dy.t.138　ཚེ་དཔག་དུ་མྱེད་པ་ཞེས་བྱ་བ་ཐེག་པ་ཆེན་པོའི་མདོ།།
大乘無量壽宗要經

敦研 Dy.t.139　ཚེ་དཔག་དུ་མྱེད་པ་ཞེས་བྱ་བ་ཐེག་པ་ཆེན་པོའི་མདོ།།
大乘無量壽宗要經

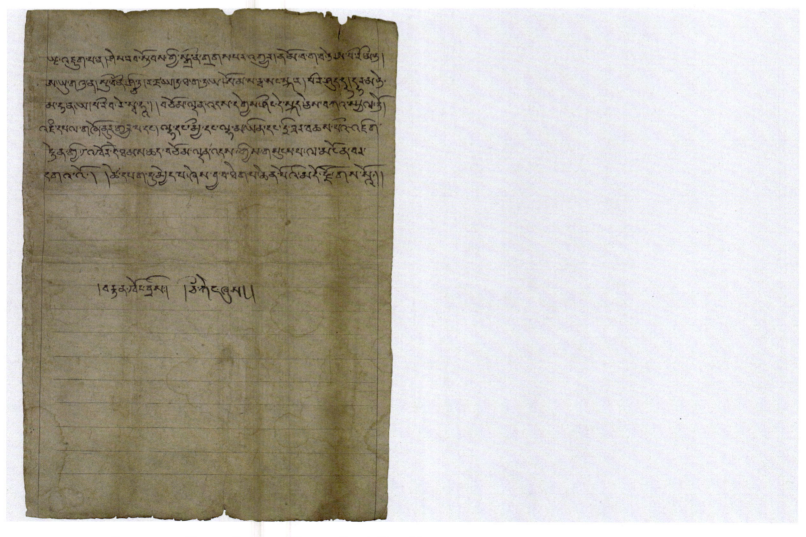

敦研 Dy.t.140　ཚེ་དཔག་དུ་མྱེད་པ་ཞེས་བྱ་བ་ཐེག་པ་ཆེན་པོའི་མདོ།།
　　　　　　　大乘無量壽宗要經

敦研 Dy.t.141　ཚེ་དཔག་དུ་མྱེད་པ་ཞེས་བྱ་བ་ཐེག་པ་ཆེན་པོའི་མདོ།།
　　　　　　　大乘無量壽宗要經

228

敦研 Dy.t.142　ཚེ་དཔག་དུ་མྱེད་པ་ཞེས་བྱ་ཐེག་པ་ཆེན་པོའི་མདོ།།
大乘無量壽宗要經　（3—1）

敦研 Dy.t.142　ཚེ་དཔག་དུ་མྱེད་པ་ཞེས་བྱ་ཐེག་པ་ཆེན་པོའི་མདོ།།
大乘無量壽宗要經　（3—2）

敦研 Dy.t.142　　ཚེ་དཔག་དུ་མྱེད་པ་ཞེས་བྱ་ཐེག་པ་ཆེན་པོའི་མདོ།།
大乘無量壽宗要經　（3—3）

敦研 Dy.t.143　　ཚེ་དཔག་དུ་མྱེད་པ་ཞེས་བྱ་བ་ཐེག་པ་ཆེན་པོའི་མདོ།།
大乘無量壽宗要經　（12—1）

230

敦研 Dy.t.143　　ཚེ་དཔག་དུ་མྱེད་པ་ཞེས་བྱེ་བ་ཐེག་པ་ཆེན་པོའི་མདོ།།

大乘無量壽宗要經　（12—2）

敦研 Dy.t.143　　ཚེ་དཔག་དུ་མྱེད་པ་ཞེས་བྱེ་བ་ཐེག་པ་ཆེན་པོའི་མདོ།།

大乘無量壽宗要經　（12—3）

敦研 Dy.t.143　ཚེ་དཔག་དུ་མྱེད་པ་ཞེས་བྱེ་བ་ཐེག་པ་ཆེན་པོའི་མདོ།།
大乘無量壽宗要經 （12—4）

敦研 Dy.t.143　ཚེ་དཔག་དུ་མྱེད་པ་ཞེས་བྱེ་བ་ཐེག་པ་ཆེན་པོའི་མདོ།།
大乘無量壽宗要經 （12—5）

敦研 Dy.t.143　ཚེ་དཔག་དུ་མྱེད་པ་ཞེས་བྱི་བ་ཐེག་པ་ཆེན་པོའི་མདོ།།
大乘無量壽宗要經　（12—6）

敦研 Dy.t.143　ཚེ་དཔག་དུ་མྱེད་པ་ཞེས་བྱི་བ་ཐེག་པ་ཆེན་པོའི་མདོ།།
大乘無量壽宗要經　（12—7）

敦研 Dy.t.143　ཚེ་དཔག་དུ་མྱེད་པ་ཞེས་བྱ་བ་ཐེག་པ་ཆེན་པོའི་མདོ།།

大乘無量壽宗要經 （12—8）

敦研 Dy.t.143　ཚེ་དཔག་དུ་མྱེད་པ་ཞེས་བྱ་བ་ཐེག་པ་ཆེན་པོའི་མདོ།།

大乘無量壽宗要經 （12—9）

敦研 Dy.t.143　ཚེ་དཔག་དུ་མྱེད་པ་ཞེས་བྱ་བ་ཐེག་པ་ཆེན་པོའི་མདོ།།

大乘無量壽宗要經　（12—10）

敦研 Dy.t.143　ཚེ་དཔག་དུ་མྱེད་པ་ཞེས་བྱ་བ་ཐེག་པ་ཆེན་པོའི་མདོ།།

大乘無量壽宗要經　（12—11）

敦研 Dy.t.143　ཚེ་དཔག་དུ་མྱེད་པ་ཞེས་བྱ་བ་ཐེག་པ་ཆེན་པོའི་མདོ།།
大乘無量壽宗要經　（12—12）

敦研 Dy.t.144　ཚེ་དཔག་དུ་མྱེད་པ་ཞེས་བྱ་བ་ཐེག་པ་ཆེན་པོའི་མདོ།།
大乘無量壽宗要經　（15—1）

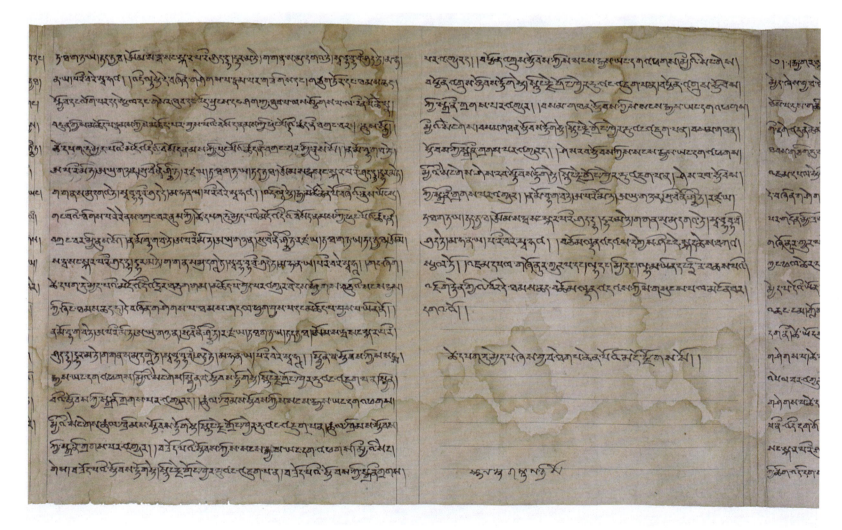

敦研 Dy.t.144　　ཚེ་དཔག་དུ་མྱེད་པ་ཞེས་བྱ་བ་ཐེག་པ་ཆེན་པོའི་མདོ།།
大乘無量壽宗要經　（15—2）

敦研 Dy.t.144　　ཚེ་དཔག་དུ་མྱེད་པ་ཞེས་བྱ་བ་ཐེག་པ་ཆེན་པོའི་མདོ།།
大乘無量壽宗要經　（15—3）

敦研 Dy.t.144　ཚེ་དཔག་དུ་མྱེད་ཞེས་བྱ་བ་ཐེག་པ་ཆེན་པོའི་མདོ།།
　　　　　　大乘無量壽宗要經　（15—4）

敦研 Dy.t.144　ཚེ་དཔག་དུ་མྱེད་ཞེས་བྱ་བ་ཐེག་པ་ཆེན་པོའི་མདོ།།
　　　　　　大乘無量壽宗要經　（15—5）

敦研 Dy.t.144　ཚེ་དཔག་དུ་མྱེད་ཞེས་བྱ་བ་ཐེག་པ་ཆེན་པོའི་མདོ།།
大乘無量壽宗要經　（15—6）

敦研 Dy.t.144　ཚེ་དཔག་དུ་མྱེད་པ་ཞེས་བྱ་བ་ཐེག་པ་ཆེན་པོའི་མདོ།།
大乘無量壽宗要經　（15—7）

敦研 Dy.t.144　ཚེ་དཔག་དུ་མྱེད་པ་ཞེས་བྱ་བ་ཐེག་པ་ཆེན་པོའི་མདོ།།
大乘無量壽宗要經　（15—8）

敦研 Dy.t.144　ཚེ་དཔག་དུ་མྱེད་པ་ཞེས་བྱ་བ་ཐེག་པ་ཆེན་པོའི་མདོ།།
大乘無量壽宗要經　（15—9）

敦研 Dy.t.144　ཚེ་དཔག་དུ་མྱེད་པ་ཞེས་བྱ་བ་ཐེག་པ་ཆེན་པོའི་མདོ།།
大乘無量壽宗要經　（15—10）

敦研 Dy.t.144　ཚེ་དཔག་དུ་མྱེད་པ་ཞེས་བྱ་བ་ཐེག་པ་ཆེན་པོའི་མདོ།།
大乘無量壽宗要經　（15—11）

敦研 Dy.t.144　ཚེ་དཔག་ཏུ་མྱེད་པ་ཞེས་བྱ་བ་ཐེག་པ་ཆེན་པོའི་མདོ།།

大乘無量壽宗要經　（15—12）

敦研 Dy.t.144　ཚེ་དཔག་ཏུ་མྱེད་པ་ཞེས་བྱ་བ་ཐེག་པ་ཆེན་པོའི་མདོ།།

大乘無量壽宗要經　（15—13）

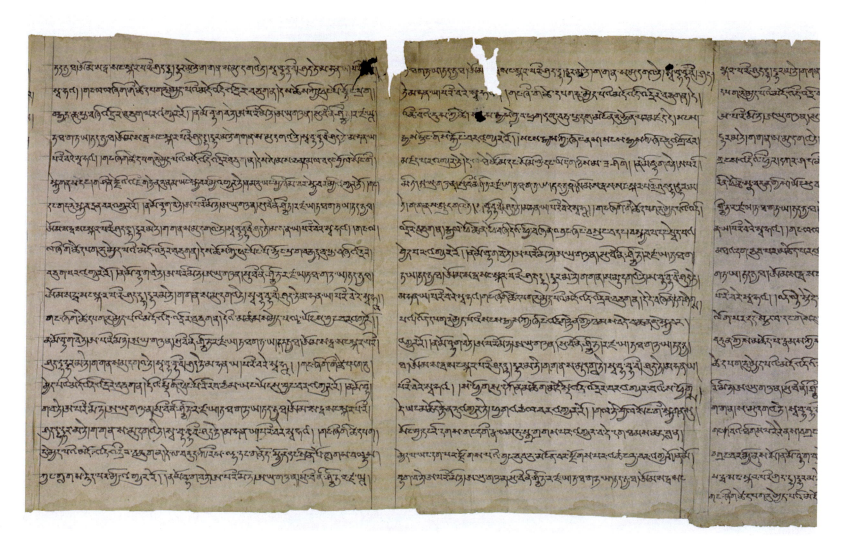

敦研 Dy.t.144　　ཚེ་དཔག་དུ་མྱེད་པ་ཞེས་བྱ་བ་ཐེག་པ་ཆེན་པོའི་མདོ།།
　　　　　　　　大乘無量壽宗要經　（15—14）

敦研 Dy.t.144　　ཚེ་དཔག་དུ་མྱེད་པ་ཞེས་བྱ་བ་ཐེག་པ་ཆེན་པོའི་མདོ།།
　　　　　　　　大乘無量壽宗要經　（15—15）

敦研 Dy.t.145　ཚེ་དཔག་དུ་མྱེད་པ་ཞེས་བྱ་བ་ཐེག་པ་ཆེན་པོའི་མདོ༔།
大乘無量壽宗要經 【3—1）

敦研 Dy.t.145　ཚེ་དཔག་དུ་མྱེད་པ་ཞེས་བྱ་བ་ཐེག་པ་ཆེན་པོའི་མདོ༔།
大乘無量壽宗要經 （3—2）

敦研 Dy.t.145　ཚེ་དཔག་དུ་མྱེད་པ་ཞེས་བྱ་བ་ཐེག་པ་ཆེན་པོའི་མདོ༔།

大乘無量壽宗要經 （3—3）

敦研 Dy.t.146　ཚེ་དཔག་དུ་མྱེད་པ་ཞེས་བྱ་བ་ཐེག་པ་ཆེན་པོའི་མདོ།

大乘無量壽宗要經 （3—1）

敦研 Dy.t.146　ཚེ་དཔག་དུ་མྱེད་པ་ཞེས་བྱ་བ་ཐེག་པ་ཆེན་པོའི་མདོ།
大乘無量壽宗要經（3—2）

敦研 Dy.t.146　ཚེ་དཔག་དུ་མྱེད་པ་ཞེས་བྱ་བ་ཐེག་པ་ཆེན་པོའི་མདོ།
大乘無量壽宗要經（3—3）

敦研 Dy.t.147　རྫོ་དཔག་ཏུ་མྱེད་པ་ཞེས་བྱ་བ་ཐེག་པ་ཆེན་པོ་འི་མདོ།།
大乘無量壽宗要經　（3—1）

敦研 Dy.t.147　རྫོ་དཔག་ཏུ་མྱེད་པ་ཞེས་བྱ་བ་ཐེག་པ་ཆེན་པོ་འི་མདོ།།
大乘無量壽宗要經　（3—2）

敦研 Dy.t.147　ཚེ་དཔག་དུ་མྱེད་པ་ཞེས་བྱ་བ་ཐེག་པ་ཆེན་པོ་འི་མདོ།།
大乘無量壽宗要經 （3—3）

敦研 Dy.t.148　ཚེ་དཔག་དུ་མྱེད་པ་ཞེས་བྱ་བ་ཐེག་པ་ཆེན་པོ་འི་མདོ།།
大乘無量壽宗要經 （3—1）

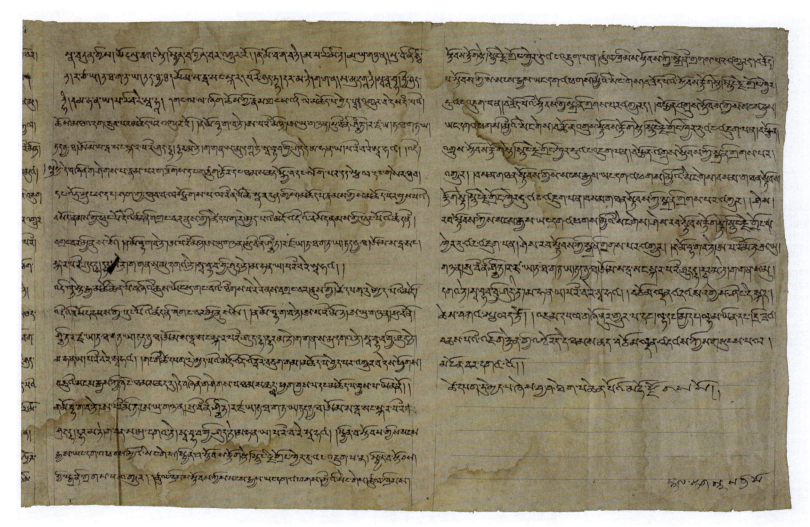

敦研 Dy.t.148　　ཚེ་དཔག་དུ་མྱེད་པ་ཞེས་བྱ་བ་ཐེག་པ་ཆེན་པོའི་མདོ༎
大乘無量壽宗要經 （3—2）

敦研 Dy.t.148　　ཚེ་དཔག་དུ་མྱེད་པ་ཞེས་བྱ་བ་ཐེག་པ་ཆེན་པོའི་མདོ༎
大乘無量壽宗要經 （3—3）

敦研 Dy.t.149　　ཚེ་དཔག་དུ་མྱེད་པ་ཞེས་བྱ་བ་ཐེག་པ་ཆེན་པོའི་མདོ།།
大乘無量壽宗要經　（3—1）

敦研 Dy.t.149　　ཚེ་དཔག་དུ་མྱེད་པ་ཞེས་བྱ་བ་ཐེག་པ་ཆེན་པོའི་མདོ།།
大乘無量壽宗要經　（3—2）

敦研 Dy.t.149　ཚེ་དཔག་ཏུ་མྱེད་པ་ཞེས་བྱ་བ་ཐེག་པ་ཆེན་པོའི་མདོ།།
大乘無量壽宗要經 （3—3）

敦研 Dy.t.150　ཚེ་དཔག་ཏུ་མྱེད་པ་ཞེས་བྱ་བ་ཐེག་པ་ཆེན་པོའི་མདོ།།
大乘無量壽宗要經 （3—1）

敦研 Dy.t.150　ཚེ་དཔག་དུ་མྱེད་པ་ཞེས་བྱ་བ་ཐེག་པ་ཆེན་པོའི་མདོ།།
　　　　　　　　大乘無量壽宗要經　（3—2）

敦研 Dy.t.150　ཚེ་དཔག་དུ་མྱེད་པ་ཞེས་བྱ་བ་ཐེག་པ་ཆེན་པོའི་མདོ།།
　　　　　　　　大乘無量壽宗要經　（3—3）

252

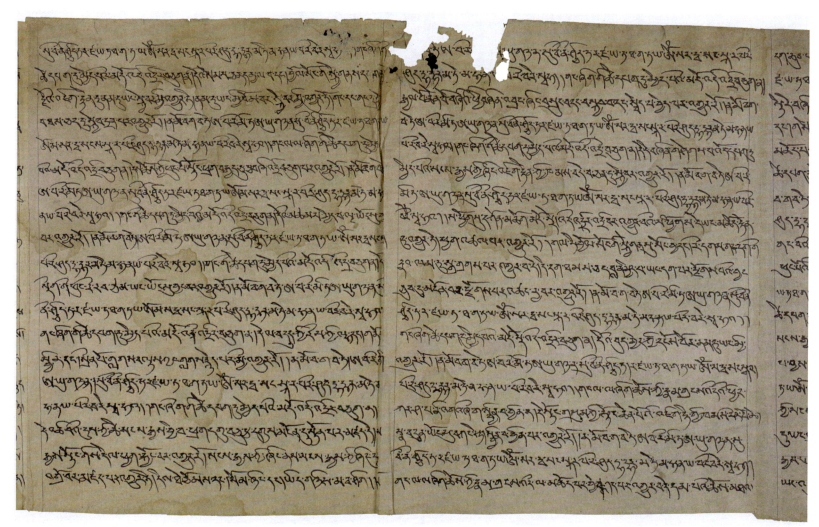

敦研 Dy.t.151　ཚེ་དཔག་ཏུ་མྱེད་པ་ཞེས་བྱ་བ་ཐེག་པ་ཆེན་པོ་འི་མདོ༎

大乘無量壽宗要經　（3—1）

敦研 Dy.t.151　ཚེ་དཔག་ཏུ་མྱེད་པ་ཞེས་བྱ་བ་ཐེག་པ་ཆེན་པོ་འི་མདོ༎

大乘無量壽宗要經　（3—2）

敦研 Dy.t.151　ཆོ་དཔག་དུ་མྱེད་པ་ཞེས་བྱ་བ་ཐེག་པ་ཆེན་པོ་འི་མདོ།།
大乘無量壽宗要經 （3—3）

敦研 Dy.t.152　ཆོ་དཔག་དུ་མྱེད་པ་ཞེས་བྱ་བ་ཐེག་པ་ཆེན་པོ་འི་མདོ།།
大乘無量壽宗要經 （3—1）

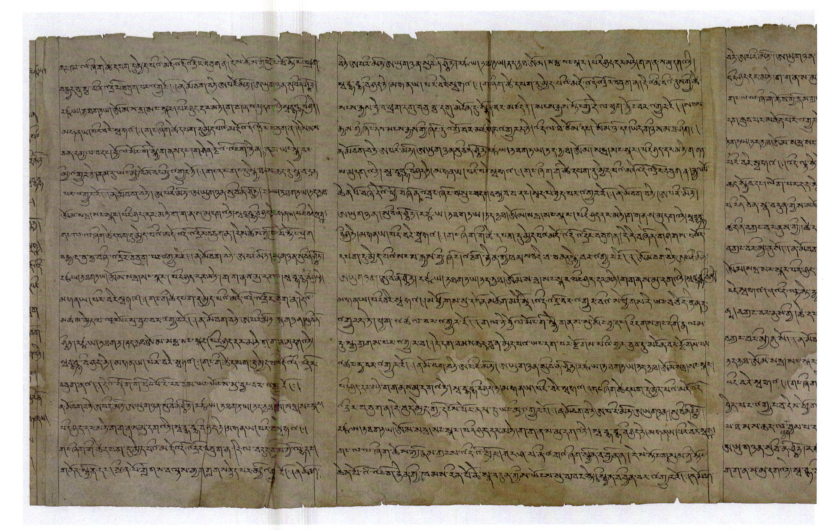

敦研 Dy.t.153　ཚེ་དཔག་དུ་མྱེད་པ་ཞེས་བྱ་བ་ཐེག་པ་ཆེན་པོ་འི་མདོ༎

大乘無量壽宗要經 （3—1）

敦研 Dy.t.153　ཚེ་དཔག་དུ་མྱེད་པ་ཞེས་བྱ་བ་ཐེག་པ་ཆེན་པོ་འི་མདོ༎

大乘無量壽宗要經 （3—2）

敦研 Dy.t.153　ཚེ་དཔག་དུ་མྱེད་པ་ཞེས་བྱ་བ་ཐེག་པ་ཆེན་པོའི་མདོ༔།
大乘無量壽宗要經 （3—3）

敦研 Dy.t.154　ཚེ་དཔག་དུ་མྱེད་པ་ཞེས་བྱ་བ་ཐེག་པ་ཆེན་པོའི་མདོ།།
大乘無量壽宗要經 （3—1）

敦研 Dy.t.154　　ཚེ་དཔག་དུ་མྱེད་པ་ཞེས་བྱ་བ་ཐེག་པ་ཆེད་པོའི་མདོ།།
大乘無量壽宗要經　（3—2）

敦研 Dy.t.154　　ཚེ་དཔག་དུ་མྱེད་པ་ཞེས་བྱ་བ་ཐེག་པ་ཆེད་པོའི་མདོ།།
大乘無量壽宗要經　（3—3）

敦研 Dy.t.155　ཚེ་དཔག་དུ་མྱེད་པ་ཞེས་བྱ་བ་ཐེགས་པ་ཆེན་པོའ་མདོ།།
大乘無量壽宗要經　（6—1）

敦研 Dy.t.155　ཚེ་དཔག་དུ་མྱེད་པ་ཞེས་བྱ་བ་ཐེགས་པ་ཆེན་པོའ་མདོ།།
大乘無量壽宗要經　（6—2）

敦研 Dy.t.155　　ཚེ་དཔག་དུ་མྱེད་པ་ཞེས་བྱ་བ་ཐེག་པ་ཆེན་པོན་མདོའེ||
大乘無量壽宗要經　（6—3）

敦研 Dy.t.155　　ཚེ་དཔག་དུ་མྱེད་པ་ཞེས་བྱ་བ་ཐེག་པ་ཆེན་པོའི་མདོ||
大乘無量壽宗要經　（6—4）

敦研 Dy.t.155　ཚེ་དཔག་དུ་མྱེད་པ་ཞེས་བྱ་བ་ཐེག་པ་ཆེན་པོའི་མདོ།།

大乘無量壽宗要經　（6—5）

敦研 Dy.t.155　ཚེ་དཔག་དུ་མྱེད་པ་ཞེས་བྱ་བ་ཐེག་པ་ཆེན་པོའི་མདོ།།

大乘無量壽宗要經　（6—6）

敦研 Dy.t.156　ཚེ་དཔག་དུ་མྱེད་པ་ཞེས་བུ་བ་ཐེག་པ་ཆེན་པོའི་མདོ།།
大乘無量壽宗要經　（12—1）

敦研 Dy.t.156　ཚེ་དཔག་དུ་མྱེད་པ་ཞེས་བུ་བ་ཐེག་པ་ཆེན་པོའི་མདོ།།
大乘無量壽宗要經　（12—2）

敦研 Dy.t.156　ཚེ་དཔག་ཏུ་མྱེད་པ་ཞེས་བྱ་བ་ཐེག་པ་ཆེན་པོའི་མདོ།།
大乘無量壽宗要經　（12—3）

敦研 Dy.t.156　ཚེ་དཔག་ཏུ་མྱེད་པ་ཞེས་བྱ་བ་ཐེག་པ་ཆེན་པོའི་མདོ།།
大乘無量壽宗要經　（12—4）

敦研 Dy.t.156　ཚེ་དཔག་ཏུ་མྱེད་པ་ཞེས་བྱ་བ་ཐེག་པ་ཆེན་པོའི་མདོ།།
大乘無量壽宗要經 （12—5）

敦研 Dy.t.156　ཚེ་དཔག་ཏུ་མྱེད་པ་ཞེས་བྱ་བ་ཐེག་པ་ཆེན་པོའི་མདོ།།
大乘無量壽宗要經 （12—6）

敦研 Dy.t.156　　ཚེ་དཔག་དུ་མྱེད་པ་ཞེས་བྱེ་བ་ཐེག་པ་ཆེན་པོའི་མདོ།།
大乘無量壽宗要經　（12—7）

敦研 Dy.t.156　　ཚེ་དཔག་དུ་མྱེད་པ་ཞེས་བྱེ་བ་ཐེག་པ་ཆེན་པོའི་མདོ།།
大乘無量壽宗要經　（12—8）

敦研 Dy.t.156　ཚེ་དཔག་དུ་མྱེད་པ་ཞེས་བྱེ་བ་ཐེག་པ་ཆེན་པོའི་མདོ།།
大乘無量壽宗要經　（12—9）

敦研 Dy.t.156　ཚེ་དཔག་དུ་མྱེད་པ་ཞེས་བྱེ་བ་ཐེག་པ་ཆེན་པོའི་མདོ།།
大乘無量壽宗要經　（12—10）

敦研 Dy.t.156　ཚེ་དཔག་དུ་མྱེད་པ་ཞེས་བྱེ་བ་ཐེག་པ་ཆེན་པོའི་མདོ།།
大乘無量壽宗要經　（12—11）

敦研 Dy.t.156　ཚེ་དཔག་དུ་མྱེད་པ་ཞེས་བྱེ་བ་ཐེག་པ་ཆེན་པོའི་མདོ།།
大乘無量壽宗要經　（12—12）

敦研 Dy.t.157　ཚེ་དཔག་དུ་མྱེད་པ་ཞེས་བྱ་བའ་ཐེག་པ་ཆེད་པོ་འི་མདོ།
大乘無量壽宗要經　（2—1）

敦研 Dy.t.157　ཚེ་དཔག་དུ་མྱེད་པ་ཞེས་བྱ་བའ་ཐེག་པ་ཆེད་པོ་འི་མདོ།
大乘無量壽宗要經　（2—2）

敦研 Dy.t.158　　ཚེ་དཔག་དུ་མྱེད་པ་ཞེས་བྱ་བ་ཐེག་པ་ཆེན་པོའི་མདོ༎
大乘無量壽宗要經　（5—1）

敦研 Dy.t.158　　ཚེ་དཔག་དུ་མྱེད་པ་ཞེས་བྱ་བ་ཐེག་པ་ཆེན་པོའི་མདོ༎
大乘無量壽宗要經　（5—2）

敦研 Dy.t.158　འཕགས་པ་ཤེས་བྱ་བ་ཐེག་པ་ཆེན་པོའི་མདོ༔།
大乘無量壽宗要經 （5—3）

敦研 Dy.t.158　འཕགས་པ་ཤེས་བྱ་བ་ཐེག་པ་ཆེན་པོའི་མདོ༔།
大乘無量壽宗要經 （5—4）

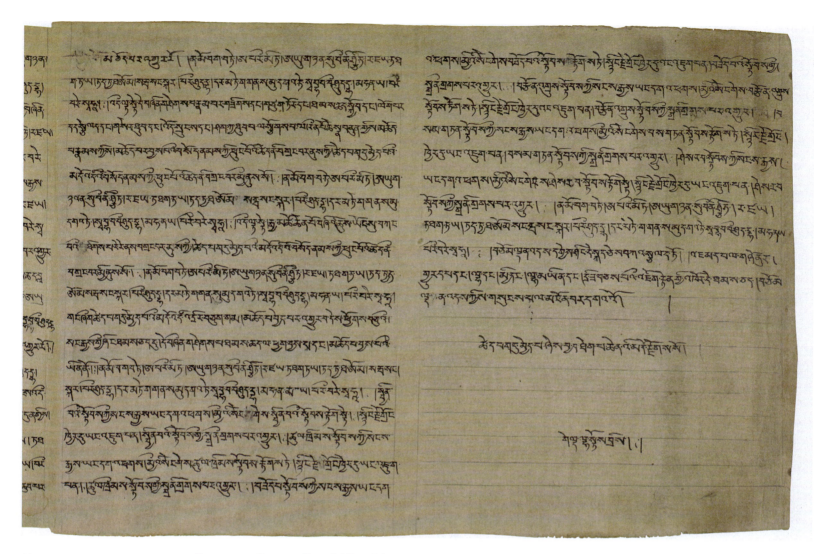

敦研 Dy.t.158　འཕགས་པ་ཤེས་བྱ་བ་ཐེག་པ་ཆེན་པོའི་མདོ༎
大乘無量壽宗要經 （5—5）

敦研 Dy.t.159　འཕགས་པ་ཤེས་བྱ་བ་ཐེག་པ་ཆེན་པོའི་མདོ༎
大乘無量壽宗要經 （6—1）

敦研 Dy.t.159　འཕགས་པ་ཤེས་རབ་བ་ཐེག་པ་ཆེན་པོའི་མདོ༎
大乘無量壽宗要經 （6—2）

敦研 Dy.t.159　ཚེ་དཔག་དུ་མྱེད་པ་ཤེས་རབ་བ་ཐེག་པ་ཆེན་པོའི་མདོ༎
大乘無量壽宗要經 （6—3）

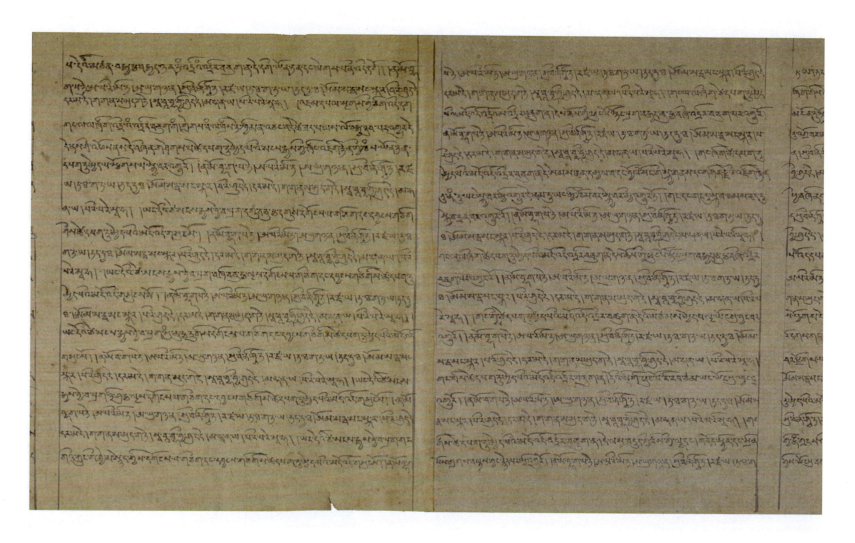

敦研 Dy.t.159　ཚེ་དཔག་དུ་མྱེད་པ་ཞེས་བྱ་བ་ཐེག་པ་ཆེན་པོའི་མདོ།།
大乘無量壽宗要經　（6—4）

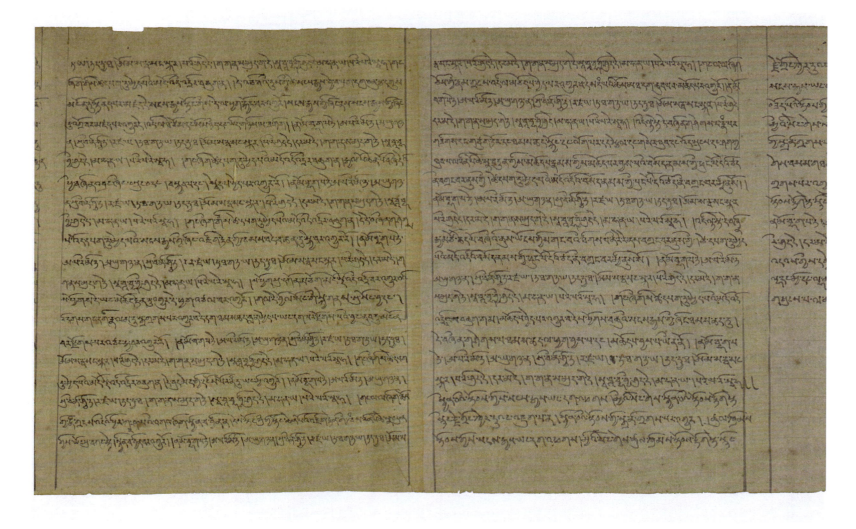

敦研 Dy.t.159　ཚེ་དཔག་དུ་མྱེད་པ་ཞེས་བྱ་བ་ཐེག་པ་ཆེན་པོའི་མདོ།།
大乘無量壽宗要經　（6—5）

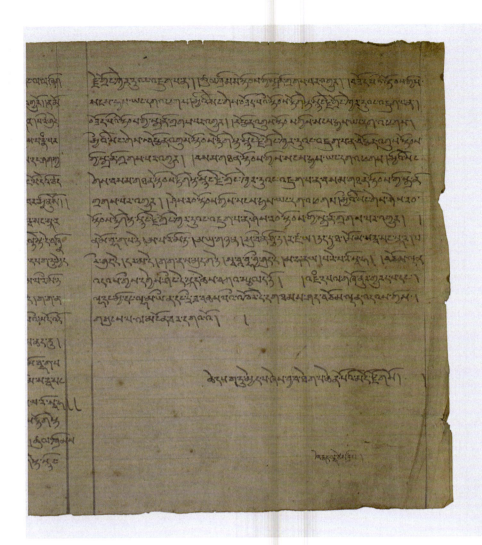

敦研 Dy.t.159　ཚེ་དཔག་དུ་མྱེད་པ་ཞེས་བྱ་བ་ཐེག་པ་ཆེན་པོའི་མདོ།།
大乘無量壽宗要經　（6—6）

敦研 Dy.t.160　ཚེ་དཔག་དུ་མྱེད་པ་ཞེས་བྱ་བ་ཐེག་པ་ཆེན་པོའི་མདོ།།
大乘無量壽宗要經　（3—1）

敦研 Dy.t.160　ཚེ་དཔག་ཏུ་མྱེད་པ་ཞེས་བྱ་བ་ཐེག་པ་ཆེན་པོའི་མདོ།།
大乘無量壽宗要經　（3—2）

敦研 Dy.t.160　ཚེ་དཔག་ཏུ་མྱེད་པ་ཞེས་བྱ་བ་ཐེག་པ་ཆེན་པོའི་མདོ།།
大乘無量壽宗要經　（3—3）

敦研 Dy.t.161　ཚེ་དཔག་དུ་མྱེད་པ་ཞེས་བྱ་བ་ཐེག་པ་ཆེན་པོའི་མདོ།།
大乘無量壽宗要經　（3—1）

敦研 Dy.t.161　ཚེ་དཔག་དུ་མྱེད་པ་ཞེས་བྱ་བ་ཐེག་པ་ཆེན་པོའི་མདོ།།
大乘無量壽宗要經　（3—2）

敦研 Dy.t.161　ཚེ་དཔག་དུ་མྱེད་པ་ཞེས་བྱ་བ་ཐེག་པ་ཆེན་པོའི་མདོ།།
大乘無量壽宗要經　（3—3）

敦研 Dy.t.162　ཚེ་དཔག་དུ་མྱེད་པ་ཞེས་བྱ་བ་ཐེག་པ་ཆེན་པོའི་མདོ།།
大乘無量壽宗要經　（3—1）

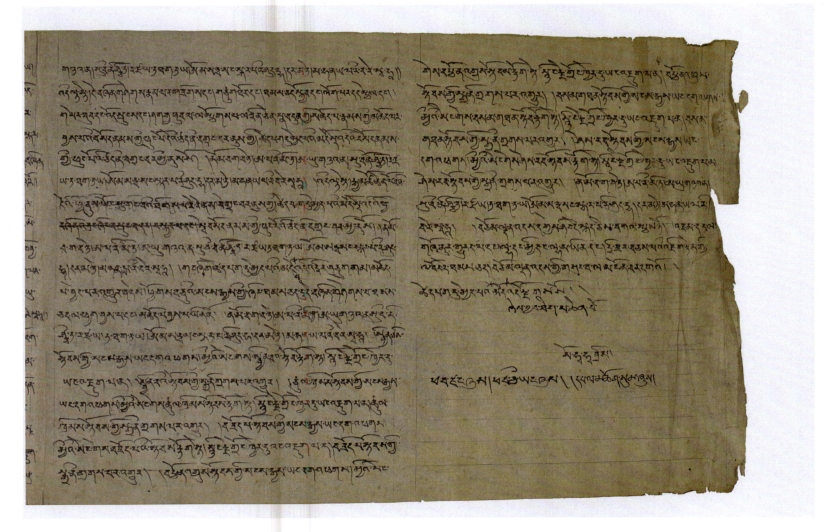

敦研 Dy.t.162　ཚེ་དཔག་དུ་མྱེད་པ་ཞེས་བྱ་བ་ཐེག་པ་ཆེན་པོའི་མདོ།།
大乘無量壽宗要經 （3—2）

敦研 Dy.t.162　ཚེ་དཔག་དུ་མྱེད་པ་ཞེས་བྱ་བ་ཐེག་པ་ཆེན་པོའི་མདོ།།
大乘無量壽宗要經 （3—3）

敦研 Dy.t.163　ཚེ་དཔག་ཏུ་མྱེད་པ་ཞེས་བྱ་བ་ཐེག་པ་ཆེན་པོའི་མདོ་༎
大乘無量壽宗要經　（4—1）

敦研 Dy.t.163　ཚེ་དཔག་ཏུ་མྱེད་པ་ཞེས་བྱ་བ་ཐེག་པ་ཆེན་པོའི་མདོ་༎
大乘無量壽宗要經　（4—2）

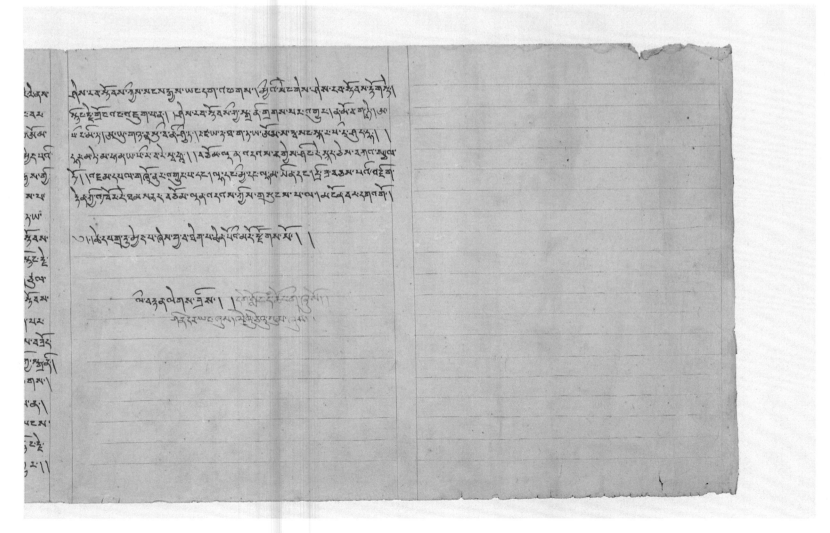

敦研 Dy.t.163　ཆོས་དཔག་ཏུ་མྱེད་པ་ཞེས་བྱ་བ་ཐེག་པ་ཆེན་པོའི་མདོ༌།།
大乘無量壽宗要經 （4—3）

敦研 Dy.t.163　ཆོས་དཔག་ཏུ་མྱེད་པ་ཞེས་བྱ་བ་ཐེག་པ་ཆེན་པོའི་མདོ༌།།
大乘無量壽宗要經 （4—4）

敦研 Dy.t.164　ཚེ་དཔག་དུ་མྱེད་པ་ཞེས་བྱ་བ་ཐེག་པ་ཆེན་པོའི་མདོ།།
大乘無量壽宗要經　（4—1）

敦研 Dy.t.164　ཚེ་དཔག་དུ་མྱེད་པ་ཞེས་བྱ་བ་ཐེག་པ་ཆེན་པོའི་མདོ།།
大乘無量壽宗要經　（4—2）

敦研 Dy.t.164　ཚེ་དཔག་དུ་མྱེད་པ་ཞེས་བྱ་བ་ཐེག་པ་ཆེན་པོའི་མདོ།།
大乘無量壽宗要經 （4—3）

敦研 Dy.t.164　ཚེ་དཔག་དུ་མྱེད་པ་ཞེས་བྱ་བ་ཐེག་པ་ཆེན་པོའི་མདོ།།
大乘無量壽宗要經 （4—4）

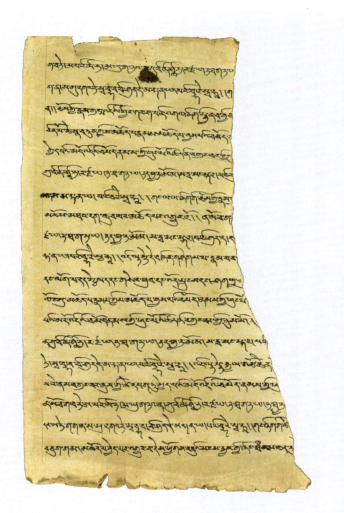

敦研 Dy.t.165　འཕགས་པ་ཚེ་དང་ཡེ་ཤེས་དཔག་ཏུ་མེད་པ་ཞེས་བྱ་བ་ཐེག་པ་ཆེན་པོའི་མདོ།།
　　　　　　大乘無量壽宗要經

敦研 Dy.t.166　འཕགས་པ་ཚེ་དང་ཡེ་ཤེས་དཔག་ཏུ་མེད་པ་ཞེས་བྱ་བ་ཐེག་པ་ཆེན་པོའི་མདོ།།
　　　　　　大乘無量壽宗要經

敦研 Dy.t.167 (R-V)　ཤེས་རབ་ཀྱི་ཕ་རོལ་དུ་ཕྱིན་པ་སྟོང་ཕྲག་བརྒྱ་པ།

十萬頌般若波羅蜜多經

284

敦研 Dy.t.168　　ཚེར་དཔག་དུ་མྱེད་པ་ཞེས་བྱ་བ་ག་ཐེག་པ་ཆེན་པོའི་མདོ།།
大乘無量壽宗要經 （3—1）

敦研 Dy.t.168　　ཚེར་དཔག་དུ་མྱེད་པ་ཞེས་བྱ་བ་ག་ཐེག་པ་ཆེན་པོའི་མདོ།།
大乘無量壽宗要經 （3—2）

敦研 Dy.t.168　　ཚེ་དཔག་དུ་མྱེད་པ་ཞེས་བྱ་བའ།ཐེག་པ་ཆེན་པོའི་མདོ།།
大乘無量壽宗要經　（3—3）

敦研 Dy.t.169　　ཚེ་དཔག་དུ་མྱེད་པ་ཞེས་བྱ་བ།ཐེག་པ་ཆེན་པོའི་མདོ།།
大乘無量壽宗要經　（12—1）

286

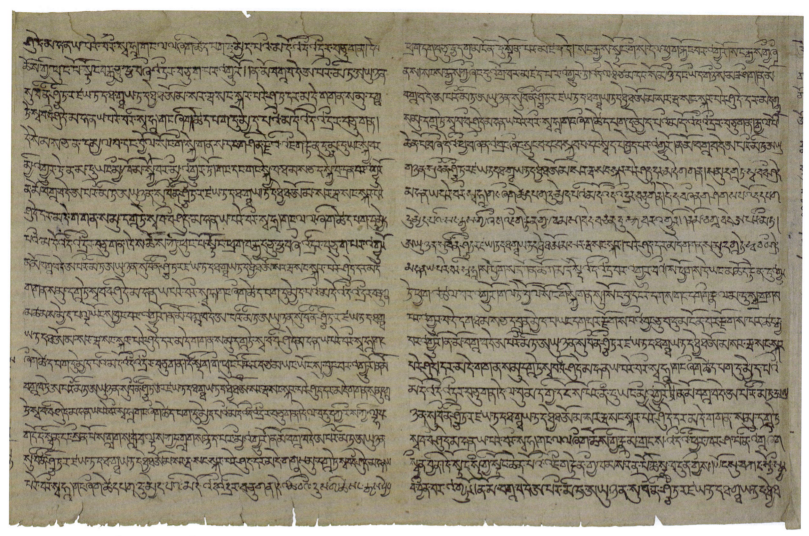

敦研 Dy.t.169　　ཚེ་དཔག་དུ་མྱེད་པ་ཞེས་བྱ་བ་ཐེག་པ་ཆེན་པོའི་མདོ།།
大乘無量壽宗要經　（12—2）

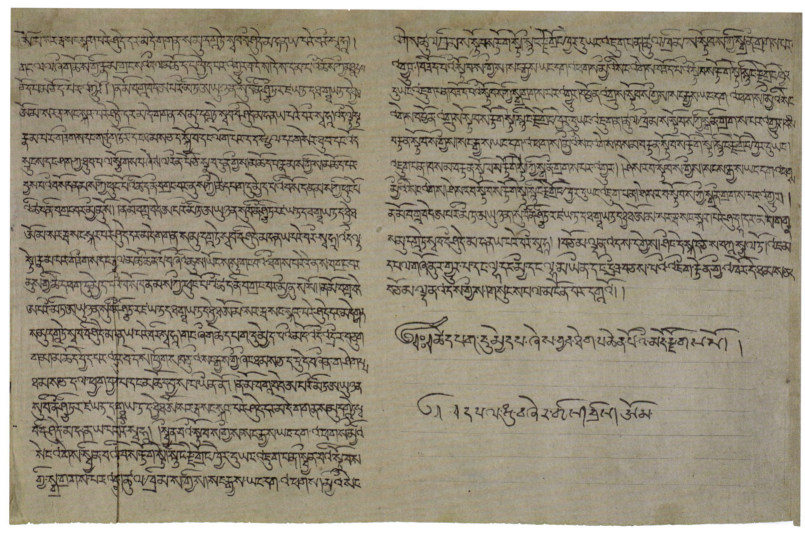

敦研 Dy.t.169　　ཚེ་དཔག་དུ་མྱེད་པ་ཞེས་བྱ་བ་ཐེག་པ་ཆེན་པོའི་མདོ།།
大乘無量壽宗要經　（12—3）

敦研 Dy.t.169　　ཚེ་དཔག་དུ་མྱེད་པ་ཞེས་བྱ་བ་ཐེག་པ་ཆེན་པོའི་མདོ།།
大乘無量壽宗要經 （12—4）

敦研 Dy.t.169　　ཚེ་དཔག་དུ་མྱེད་པ་ཞེས་བྱ་བ་ཐེག་པ་ཆེན་པོའི་མདོ།།
大乘無量壽宗要經 （12—5）

敦研 Dy.t.169　ཚེ་དཔག་དུ་མྱེད་པ་ཞེས་བྱ་བ་ཐེག་པ་ཆེན་པོའི་མདོ།།
大乘無量壽宗要經 （12—6）

敦研 Dy.t.169　ཚེ་དཔག་དུ་མྱེད་པ་ཞེས་བྱ་བ་གཐེག་པ་ཆེན་པོའི་མདོ།།
大乘無量壽宗要經 （12—7）

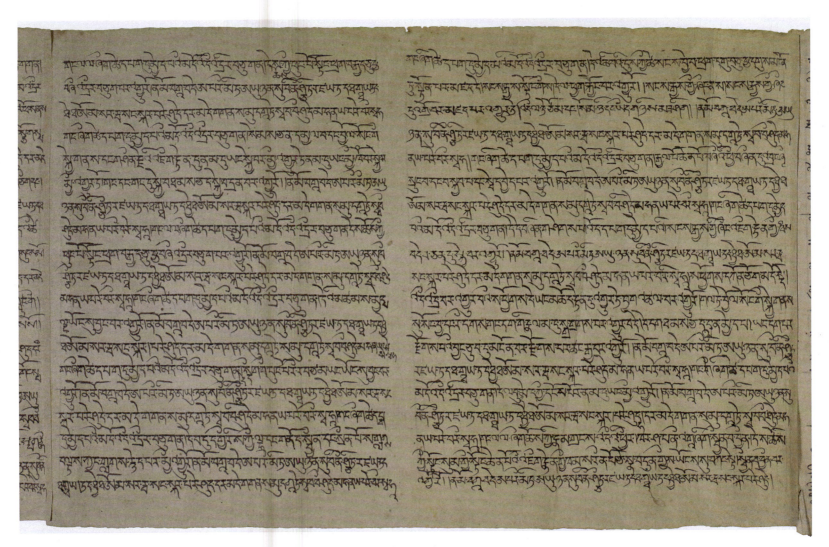

敦研 Dy.t.169　ཚེ་དཔག་ཏུ་མྱེད་པ་ཞེས་བྱ་བ་ཐེག་པ་ཆེན་པོའི་མདོ།།
大乘無量壽宗要經 （12—8）

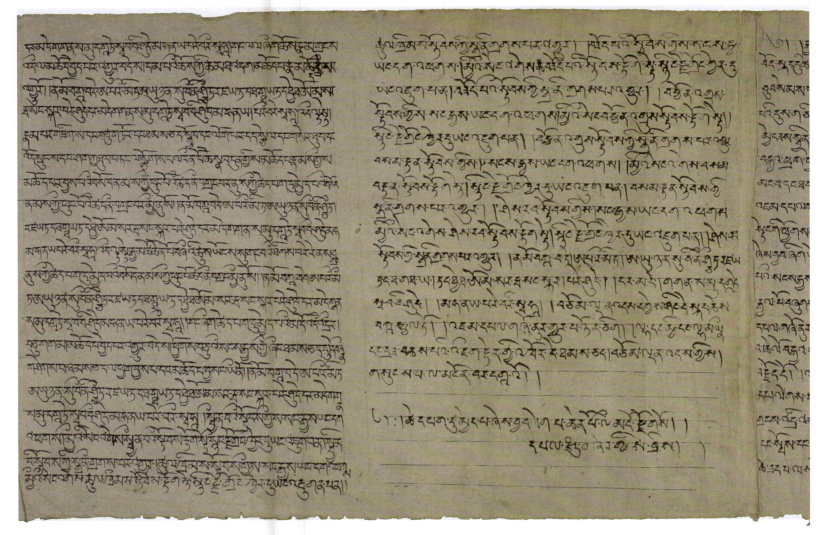

敦研 Dy.t.169　ཚེ་དཔག་ཏུ་མྱེད་པ་ཞེས་བྱ་བ་ཐེག་པ་ཆེན་པོའི་མདོ།།
大乘無量壽宗要經 （12—9）

敦研 Dy.t.169　　ཚེ་དཔག་དུ་མྱེད་པ་ཞེས་བྱ་བ་ཐེག་པ་ཆེན་པོའི་མདོ།།

大乘無量壽宗要經　（12—10）

敦研 Dy.t.169　　ཚེ་དཔག་དུ་མྱེད་པ་ཞེས་བྱ་བ་ཐེག་པ་ཆེན་པོའི་མདོ།།

大乘無量壽宗要經　（12—11）

敦研 Dy.t.169　　ཚེ་དཔག་དུ་མྱེད་པ་ཞེས་བྱ་བ་ཐེག་པ་ཆེན་པོའི་མདོ༎
大乘無量壽宗要經　　（12—12）

敦研 Dy.t.170　　ཚེ་དཔག་དུ་མྱེད་པའི་ཞེས་བྱ་བ་ཐེག་པ་ཆེན་པོའི་མདོ༎
大乘無量壽宗要經　　（3—1）

敦研 Dy.t.170　ཚེ་དཔག་ཏུ་མྱེད་པའ་ཞེས་བྱ་བ་ཐེག་པ་ཆེན་པོའི་མདོ།།
大乘無量壽宗要經　（3—2）

敦研 Dy.t.170　ཚེ་དཔག་ཏུ་མྱེད་པའ་ཞེས་བྱ་བ་ཐེག་པ་ཆེན་པོའི་མདོ།།
大乘無量壽宗要經　（3—3）

敦研 Dy.t.171　ཚེ་དཔག་ཏུ་མྱེད་པ་ཞེས་བྱ་བ་ཐེག་པ་ཆེན་པོའི་མདོ༎
大乘無量壽宗要經 （3—1）

敦研 Dy.t.171　ཚེ་དཔག་ཏུ་མྱེད་པ་ཞེས་བྱ་བ་ཐེག་པ་ཆེན་པོའི་མདོ༎
大乘無量壽宗要經 （3—2）

294

敦研 Dy.t.171　ཚེ་དཔག་དུ་མྱེད་པ་ཞེས་བྱ་བ་ཐེག་པ་ཆེན་པོའི་མདོ།།
大乘無量壽宗要經　（3—3）

敦研 Dy.t.172　ཚེ་དཔག་དུ་མྱེད་པ་ཞེས་བྱ་བ་ཐེག་པ་ཆེན་པོའི་མདོ།།
大乘無量壽宗要經　（3—1）

敦研 Dy.t.172　ཚེ་དཔག་ཏུ་མྱེད་པ་ཞེས་བྱ་བ་ཐེག་པ་ཆེན་པོའི་མདོ།།
大乘無量壽宗要經　（3—2）

敦研 Dy.t.172　ཚེ་དཔག་ཏུ་མྱེད་པ་ཞེས་བྱ་བ་ཐེག་པ་ཆེན་པོའི་མདོ།།
大乘無量壽宗要經　（3—3）

敦研 Dy.t.173　ཚེ་དཔག་དུ་མྱེད་པ་ཞེག་པ་ཆེན་པོ་འི་མདོ།།
大乘無量壽宗要經　（3—1）

敦研 Dy.t.173　ཚེ་དཔག་དུ་མྱེད་པ་ཞེག་པ་ཆེན་པོ་འི་མདོ།།
大乘無量壽宗要經　（3—2）

敦研 Dy.t.173　ཚེ་དཔག་དུ་མྱེད་པ་ཞེས་པ་ཆེན་པོའི་མདོ།།
大乘無量壽宗要經　（3—3）

敦研 Dy.t.174　ཚེ་དཔག་དུ་མྱེད་པའ་ཞེས་བྱ་བ་ཐེག་པ་ཆེན་པོའི་མདོ།།
大乘無量壽宗要經　（4—1）

敦研 Dy.t.174　ཚེ་དཔག་ཏུ་མྱེད་པའ་ཞེས་བྱ་བ་ཐེག་པ་ཆེན་པོའི་མདོ༎
大乘無量壽宗要經　（4—2）

敦研 Dy.t.174　ཚེ་དཔག་ཏུ་མྱེད་པའ་ཞེས་བྱ་བ་ཐེག་པ་ཆེན་པོའི་མདོ༎
大乘無量壽宗要經　（4—3）

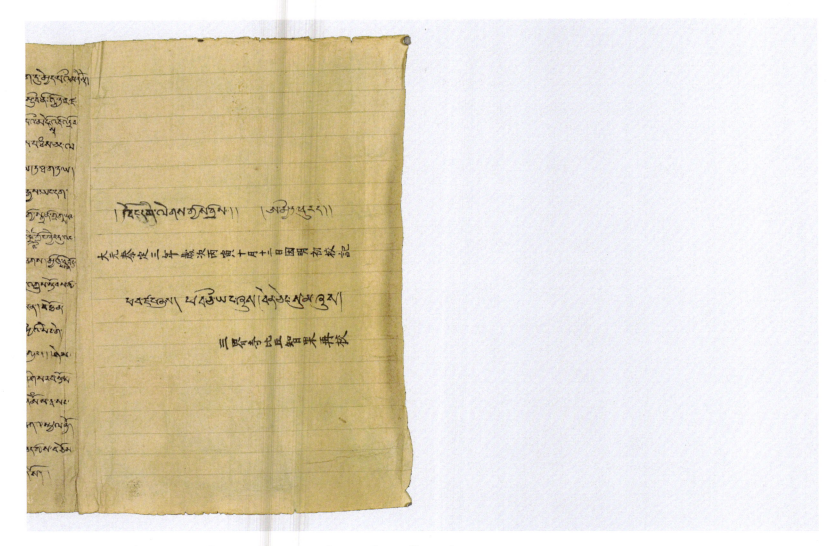

敦研 Dy.t.174　　ཚེ་དཔག་དུ་མྱེད་པའ་ཞེས་བྱ་བ་ཐེག་པ་ཆེན་པོའི་མདོ།།
大乘無量壽宗要經　（4—4）

敦研 Dy.t.175　　ཚེ་དཔག་དུ་མྱེད་པ་ཞེས་བྱ་བ་ཐེག་པ་ཆེན་པོའི་མདོ།།
大乘無量壽宗要經　（3—1）

敦研 Dy.t.175　ཚེ་དཔག་དུ་མྱེད་པ་ཞེས་བྱ་བ་ཐེག་པ་ཆེན་པོའི་མདོ།།
大乘無量壽宗要經　（3—2）

敦研 Dy.t.175　ཚེ་དཔག་དུ་མྱེད་པ་ཞེས་བྱ་བ་ཐེག་པ་ཆེན་པོའི་མདོ།།
大乘無量壽宗要經　（3—3）

圖書在版編目（CIP）數據

甘肅藏敦煌藏文文獻 . 1 / 馬德主編；甘肅省文物局，敦煌研究院編纂.
－上海：上海古籍出版社，2017.12（2023.2 重印）
ISBN 978-7-5325-8672-1

Ⅰ.①甘… Ⅱ.①馬… ②甘… ③敦…Ⅲ. ①敦煌學－藏語－文獻　Ⅳ.①K870.6

中國版本圖書館 CIP 數據核字（2017）第 288492 號

本書爲
“十三五”國家重點圖書出版規劃項目
國家出版基金資助項目

甘肅藏敦煌藏文文獻 ①

主 編
馬 德
編 纂
甘肅省文物局 敦煌研究院
出版發行
上海古籍出版社
上海市閔行區號景路159弄1-5 號 A 座5F
郵編 201101　傳真（86－21）64339287
網址：　www.guji.com.cn
電子郵件：　guji1@guji.com.cn
易文網：　www.ewen.co
印 刷
上海世紀嘉晉數字信息技術有限公司

開本：787×1092　1/8　印張：46.5　插頁：4
版次：2017 年 12 月第 1 版　印次：2023 年 2 月第 4 次印刷
ISBN 978-7-5325-8672-1/K.2409
定價：2800.00圓

ཇུན་ཧོང་མོའི་གའོ་བྲག་ཕུག་གི་ཅང་ཞལ་བྲག་ཕུག

敦煌莫高窟北區石窟

བྱམས་པ་འབུམ་སྐྱིང་དུ་བཞུགས་པའི་ཐང་རྒྱལ་རབས་དུས་ཀྱི་རྒྱལ་བ་བྱམས་པ།

永靖炳靈寺唐代彌勒大佛

ཇོ་མོ་གླང་མ།
珠穆朗瑪峰